ROUTINES

Du même auteur

Des capuches et des hommes, Buchet-Chastel, 2013. Prix de l'écrit social 2014.

Jeunesses françaises, La Découverte, 2015 ; La Découverte poche, 2022.

Loyautés radicales, La Découverte, 2017.

La Taille des arbres, Rivages, 2022 ; Rivages poche, 2024. Prix Amerigo-Vespucci 2022.

Fabien Truong

ROUTINES

Rivages

Retrouvez l'ensemble des parutions
des Éditions Payot & Rivages sur

payot-rivages.fr

Collection dirigée par Émilie Colombani

Cet ouvrage est publié
avec l'aimable collaboration de l'agence Catherine Nabokov.

À ces bouts de quelque chose,

après la pluie,

souffle chaud sur Oscar, Félix, fortes pousses vertes

Avant, après

Une seconde avant, une seconde après. Il y avait des instants jetés comme ça, qui fusaient pour mieux s'enfuir. Ils passaient, s'engouffraient dans les brèches. Trop tôt, trop tard. Jamais on ne saisissait leur vérité.

Pourtant, on savait. Qu'ils avaient brûlé la peau, qu'ils continueraient à courir et qu'ils reviendraient frapper à la porte. Alors on enveloppait leurs souvenirs en espérant les apprivoiser. On se disait qu'on apprendrait à en faire des histoires, qu'on les polirait jusqu'à obtenir des bornes, fières et rutilantes.

Puis on taisait la peine, on recouvrait l'amertume. On oubliait le noir de la souffrance. Les totems et les silences finissaient par l'emporter, sapaient les bases du doute. C'était la loi élémentaire. Celle qui permettait au monde d'être le monde. Celle qui nous condamnait à tourner autour du pot.

Tibor savait aussi tout cela.

Il acceptait la sentence en regardant perler les gouttes de sang sur le béton lissé. Une à une, elles s'extirpaient du corps fraîchement mutilé qui lui faisait face, accélérant leur descente sous l'effet mécanique de la pesanteur. Bientôt, elles fouetteraient le sol. Effusions tachetées, rafales de rouge, débit monstre.

Tibor regardait la vie s'échapper en flux continu, se répandre dans le huis clos de l'entrepôt. Bientôt, elle ne serait plus rien qu'une flaque écarlate, un reflet dense sous le halo douteux des néons vieillissants. Il soupira, comme pour expurger le gris d'une situation pourtant limpide : il nageait dans la merde.

Une seconde avant. Tibor n'avait pas hésité. Il avait tué. Sectionné d'un coup résolu. Il n'avait pas grand-chose à en dire. La morale à papa et les grandes théories ne pouvaient rien contre la cascade des événements. Il aurait pu crier, pleurer peut-être. De rage comme de honte.

Une seconde après. Tibor s'empressa d'effacer les marques, les traces. Sentant ses jambes ployer, il inspira l'odeur de la mort pour y trouver le courage nécessaire : ne pas flancher, suivre le cours branlant des opérations, se débarrasser de l'amas de chair affalé.

Tibor posa son couteau sur la grande table en inox. Ses deux bras ne seraient pas de trop pour traîner ce corps qui devait désormais disparaître. Il fallait faire place nette et il avait un plan. Personne ne retrouverait le macchabée sous sa forme actuelle. Ne pas oublier le couteau sur la table.

Une fois la pièce vidée des encombrants, Tibor déroula le tuyau vert raccordé à droite de la sortie de secours. Il ouvrit la vanne de service jusqu'à sentir l'arrivée d'une pression froide et rassurante. Il noya le parterre, arrosa ses aspérités à grandes eaux. Le sol craquelé absorbait les flaques, aspirait le liquide, usant d'une capacité de rétention insoupçonnée.

Tibor constatait : le sang ne tirait vers le pourpre que lorsqu'il était maintenu en circuit fermé. Libéré de sa gangue, il épousait tout un éventail de nuances, denses et surprenantes. Sous les flots orchestrés par le jet, le rouge s'éparpillait. Amarante, incarnadin, incarnat, rose, beige, crème ; l'écoulement des eaux accomplissait sa tâche. Tibor s'en remettait au travail implacable de la physique et de la chimie. Bientôt, la pièce exhiberait une neutralité convaincante et, dans moins d'une heure, tout serait sec. On pourrait alors l'affirmer : il ne s'était ici rien passé.

***

Dehors, le soleil de novembre peinait à percer les nuages doucereux. Dans l'habitacle protecteur de sa Golf, Tibor haletait comme un chien assoiffé : il devait se reprendre, boire un peu sans aucun doute. Il se gorgea d'un air encore humide, puis expira – trois fois, peut-être quatre, acceptant de remettre la valse des sentiments à plus tard. C'en était terminé mais il ne pouvait se résoudre à tourner la clef du contact.

À défaut de jouir de la brillance du neuf ou du silence d'un moteur électrique, Tibor avait opté pour l'occasion, *deutsche Qualität*. Bien lui en avait pris ; sa titine ne l'avait jamais trahi. Printemps, été, automne, hiver : elle était son caisson toute saison. Elle passait les contrôles techniques, engloutissait les kilomètres. Mais, là, tourner la clef semblait absurde. Comment rouler, faire comme si rien n'avait été perdu ? Il fixait la structure en tôle galvanisée qui l'avait soustrait à la lumière naturelle pendant près de six heures, le regard troublé par le filtre antireflet du pare-brise. La départementale était la seule voie empruntable pour déguerpir.

De l'extérieur, l'entrepôt se fondait dans la masse environnante. Il émergeait telle une parenthèse, entre les hectares de betteraves sucrières et les kilomètres linéaires de tournesols linoléiques. Ce bâtiment n'intéressait personne. Il avait été conçu pour être oublié.

Tibor caressa le haut du volant. Sa surface collante en simili-cuir offrait juste ce qu'il fallait d'adhérence à ses doigts moites pour susciter l'envie de reprendre la main. Il ferma les yeux. Malgré le voile incolore que ses paupières imprimaient sur ses pupilles, il revoyait ses gestes à l'intérieur de l'entrepôt. Affreusement précis, quand il y pensait.

Tibor n'avait pas une très haute opinion de lui-même, la faute sans doute à ses six années à l'université qui l'avaient ballotté de semi-succès en demi-échecs. Il disposait néanmoins de quelques certitudes et savait qu'il n'avait pas mérité ce qu'il venait d'accomplir. Il avait un bon fond. C'était un gars sûr. Il ne la ramenait pas. Il était arrangeant aussi, une qualité célébrée à Cléricourt.

Depuis l'école primaire, on l'avait décrété digne de confiance. Chaque année, il avait été élu délégué de classe sans jamais rien briguer. On le savait à l'écoute des camarades : un peu trop bon, loin d'être un con. Tibor avait su accueillir le plébiscite, embrassant la fonction jusqu'à défendre les déglingués qui squattaient les derniers rangs avant le conseil de discipline.

L'art de la conciliation et la défense des causes perdues étaient peu à peu devenus une marque de fabrique dont les copains abusaient quand poignait un désaccord. Tibor, c'était connu, arrondissait les angles. On attendait de lui qu'il sache trouver les bonnes manières, la porte de sortie. Mais, sur le parking, face à l'entrepôt, il n'arrivait pas à s'arranger avec ce qu'il imaginait être sa conscience. Il ne se trouvait aucune circonstance atténuante. Le verdict des faits ne souffrait aucune contestation possible. Meurtre avec préméditation.

Tibor contemplait ses mains asséchées par la javel, toujours pressées contre le volant. Le jambon-beurre avalé à cinq heures du matin portait sur l'estomac et laissait poindre un haut-le-cœur qu'il refrénait depuis quelques heures. Il gérait la descente. Conduire restait au-dessus de ses forces. Rien n'était pourtant plus banal que le vrombissement d'un moteur à Cléricourt : partir à l'usine, aller à l'entraînement, s'arrêter chez les potes, passer à l'hypermarché. Les journées filaient au rythme des pleins de diesel et redémarraient au même point de départ : 45, rue des Roseraies, au pavillon des jours heureux, dans la douceur d'un nid acheté à crédit.

Deux ans déjà. L'équilibre vacillait.

Il considéra avec circonspection l'intérieur capitonné de la titine. Ses tergiversations risquaient de lui donner un air louche. Il vérifia qu'il n'était pas sur la réserve, puis tourna la clef à fond. La Golf bleu métal ronronna. Vite, rejoindre Coralie.

***

Place des Hauts-Marronniers. L'arrêt était obligatoire depuis que la municipalité avait transformé le bourg en zone piétonne. L'idée consistait à sauver l'âme commerçante de la ville. Préserver les boutiques des dynasties de notables qui croyaient encore régner sur Cléricourt en remplaçant l'asphalte par des pavés à l'ancienne : le programme n'avait pas pris. Le parking du centre-ville était vide. Aucune rénovation ne pouvait lutter contre la zone d'activité commerciale.

Le petit peuple de Cléricourt snobait ses nouvelles rues historiques, préférant s'engager dans les ronds-points périphériques. À six kilomètres de là, un goudron impeccable desservait des magasins franchisés aux enseignes incertaines. Les ouvertures succédaient aux faillites et la zone commerciale s'était implantée sur ce rythme bancal, voguant sur une succession ininterrompue de malentendus. Le glissement avait été progressif mais inexorable. La zone avait fini par réussir là où chaque maire avait échoué en soixante années d'alternance politique : elle était devenue le chaînon manquant entre les tours du Bois-Vert et les bâtisses du centre-ville.

Sans vraiment croire aux promesses d'une vie à moindre coût, l'agglomération tout entière convergeait vers son hypermarché central. Soixante mille références produits réparties sur trois kilomètres carrés pour écouler son salaire. Tête la première, perclus de vagues d'excitation perplexe, sans discussion sur les goûts et les couleurs qui séparaient les Caddies, traçaient des catégories.

Tibor observait les grandes manières et les petites variations. La lutte des classes n'avait jamais cessé, elle avait juste migré entre les lignes des tickets de caisse. Il tentait de comprendre : le merdier sous cellophane, la contrainte budgétaire, la logique des préférences alimentaires. Il avait ses convictions, qu'il aurait pu étayer avec quelques arguments savants.

C'est qu'il en avalait, de la philosophie qui s'attaquait au grand capital et de la sociologie qui enquêtait sur les maux du siècle, des théories qui analysaient le tout et disséquaient les parties. Tibor enquillait les pages, s'enfilait les mots des autres à la pelle. À la banalité d'un quotidien aux moyens limités, il préférait les grandes architectures de l'esprit et la tournure des phrases bien faites. Alors, entre les murs de l'hypermarché, il *shoppait* sans grande affection. Les rangées de produits défilaient tandis qu'il imaginait ce que lui raconteraient les livres qu'après, il dévorerait.

Dans les allées numérotées, Tibor déviait le moins possible des itinéraires balisés, se raccrochant aux mêmes achats agréables vendus à prix raisonnable. Il évitait de se frotter aux conversations empestant la nostalgie et avait remarqué la ruse ridicule des frustrations relatives. Les mieux dotés avaient la virulence chevillée au corps. Ils étaient les seuls à vouloir en découdre et monopolisaient l'espace avec l'aplomb des vainqueurs.

Depuis que le centre-ville était maintenu sous respiration artificielle, ils avaient de quoi se plaindre. Privés d'un accès direct à la pharmacie Defougerolles et à la pâtisserie Leblanc et Fils, ils invoquaient un bon vieux temps couleur pétrole que personne n'avait connu. Et ils répétaient : le commerce est une stratégie de passages permanents, pas une affaire de promenade. Tout le monde savait cela.

Tibor abhorrait leurs diagnostics ânonnés le samedi matin devant l'étal du père Sifaoui. Au marché du Temple, la queue était suffisamment longue pour que les clients en mocassins du vieil Algérien aient le temps de se tirer la bourre, certains de la valeur de leurs angoisses. Sifaoui accueillait les jérémiades et caressait dans le sens du poil commercial, offrant toujours une botte de persil plat ou, pour celles et ceux qui, comme Tibor, préféraient les senteurs orientales aux recettes du terroir, une poignée de coriandre.

Sifaoui aimait siffloter en commentant l'humeur du soleil. Son flegme forçait le respect. Il portait l'amour du travail bien fait sur un visage buriné qui résistait aux nitrates et à une arthrose de plus en plus visible. Il choisissait ses légumes à l'expérience, ce qui suffisait à les rendre exceptionnels. Goûtus remèdes à la mélancolie ambiante, garantis sans pesticides, ils rassemblaient une cinquantaine d'irréductibles.

Poivrons, choux-raves et tomates cerises ne penchaient vers aucun bord politique, mais Tibor avait choisi son camp chez Sifaoui : il conchiait les polos bleu ciel et les pantalons à pinces. Et plus les droitards tenaient la place des Hauts-Marronniers pour responsable des malheurs de la ville, plus Tibor appréciait la désertification du parking central sur laquelle il garait chaque jour la titine, avant de filer vers la médiathèque.

Deux ans que Tibor profitait du silence et du désintérêt que suscitait sa salle de lecture pour s'y établir après le déjeuner durant quelques heures appliquées. Juste après un passage par la maison de la presse tenue par Rosa Maria João. Sans jamais faillir, il payait *L'Équipe* en petite monnaie, dans un rituel qui voyait le cliquetis de ses pièces jaunes répondre à l'accent portugais de la matrone.

Cet échange codifié inscrivait ses journées dans un calendrier fait d'événements sportifs et de considérations tactiques. Le rythme attendu des grandes compétitions internationales avait quelque chose de rassurant. La finale de la *Champions League* annonçait Roland-Garros qui précédait le tour de France qui, tous les quatre ans, menait vers une Coupe du monde. Demain irait un peu mieux qu'aujourd'hui et si le jour tournait court, il y aurait une prochaine saison. C'est que le temps comptait. Rosa Maria João était formelle : deux années qu'elle annonçait à Tibor sa retraite pour le prochain trimestre. Elle se reposerait bientôt là où elle était née, il y avait soixante-six ans, sous les embruns de Nazaré.

Tibor n'allait pourtant pas discuter inflation ou insécurité cet après-midi avec Rosa Maria. Pour la première fois depuis son retour à Cléricourt, il s'apprêtait à la zapper. Dans son empressement à quitter la place des Hauts-Marronniers, il oublia : le match de la veille, l'édito du jour, les pièces jaunes. Il quitta sa Golf en pensant uniquement à Coralie.

Un regard furtif dans le rétroviseur avant droit confirma ce qu'il savait déjà : il arborait la gueule des journées compliquées. D'un pas frêle mais décidé, il fila vers la médiathèque.

Ne plus penser à l'entrepôt, soigner ses mains coupables.

Accepter que le futur parte à la poubelle pour se caler sur le présent.

Et ne pas en rester là.

Mercredi

Une seconde avant, une seconde après. Les portes automatiques de la médiathèque Flora-Tristan détectaient les effluves de chaleur au centimètre près. Elles coulissèrent prestement, se réglant sur le rythme des pas pressés de Tibor qui monta au premier étage pour y retrouver une Coralie affairée.

On était mercredi en début d'après-midi ; le seul moment de la semaine où la médiathèque faisait carton plein. Pour le reste, Flora-Tristan était une terre en jachère parsemée de quelques retraités, toujours les mêmes, qui, paraissait-il, coûtait une blinde au contribuable. Il faut dire que, depuis que Coralie gérait les acquisitions, les étagères se remplissaient. Deux ans que Cléricourt avait bon goût littéraire, même si le commun des administrés n'en savait pas grand-chose.

Tout cela pouvait changer. Le mercredi était la journée des enfants, celle où Coralie rayonnait. À mi-semaine, après avoir longé la rocade du centre commercial pendant près de trois kilomètres, deux bus bondés arrivaient, en provenance du centre d'animation du Bois-Vert.

La joie entourant ce jour-là n'échappait pas à Tibor. Ils en parlaient souvent, de ces petites graines plantées au cœur de l'innocence, le temps d'une histoire ou d'un atelier. Alors, quand Coralie remarqua sa présence, il lui sourit avec malice – une attention complice qu'elle accueillit d'un smack mimé depuis le coin droit de sa lèvre supérieure. Coralie circulait au milieu d'un groupe de collégiens à l'acné prononcée, les bras chargés de bandes dessinées et de livres illustrés. Ses recommandations étaient attendues ; il n'y avait qu'à voir l'attroupement que provoquaient ses déplacements alertes. Tibor regardait, admiratif, la masse de ses cheveux bouclés retomber sur la courbe de ses hanches, mises en valeur par un chemisier qui recouvrait des seins fiers à la blancheur impeccable.

C'était exactement dans ces moments-là, quand il pouvait savourer sa pleine présence à bonne distance, qu'il lui aurait demandé d'avoir un enfant tout de suite, sans attendre les neuf mois réglementaires. Cet élan silencieux restait à chaque fois reporté. Tibor devait d'abord en finir avec les paies au salaire minimum. Fonder une famille n'était pas inscrit au programme. En parler, c'était abîmer l'horizon.

Tous les jours, Tibor passait faire un coucou attentionné. Coralie appréciait cet égard affectueux et assidu.

Bouquiner, là comme ça, à Flora. Il aimait le lieu, ses moments, ses personnes, vantait à qui voulait bien l'entendre la clarté de la lumière naturelle que laissait filtrer la verrière de l'atrium, le confort des poufs au premier ou la densité du catalogue. Il ne venait pas se montrer, encore moins la surveiller. Il pouvait passer des heures à se perdre dans un livre sans chercher le moindre assentiment du regard. Son corps fin fondait à vue d'œil, ballotté par les remous de phrases absorbées avec un contentement transparent.

Ces instants qui duraient étaient ceux que Coralie préférait : depuis son bureau, elle avait le temps de s'attarder sur les plis froissés de ses chemises à carreaux qui lui évoquaient une odeur imaginaire de séquoias et de pins à sucre. En rêvassant, elle pouvait ressentir le contact apaisant de sa peau imberbe, si familière, ainsi que les petites rougeurs que laissait par contraste le passage de sa barbe drue sur son cou, son ventre et ses cuisses. Tout à sa lecture, Tibor s'accrochait à l'enchaînement des phrases comme un enfant perdant pied dans un parc d'attractions aux proportions américaines : les pages avalées semblaient toujours trop belles pour ses petits yeux impressionnés. Cela se voyait dans cette manière, touchante et mélancolique qu'il avait de les tourner, dans cette déférence à laquelle on reconnaissait les bons petits soldats, spectateurs éternels, toujours fidèles.

Coralie connaissait la douleur des usines enchaînées en intérim, combien elles l'abîmaient. Elle savait ses désirs intellectuels, son bouillonnement politique, son sentiment d'inachèvement. Elle commençait à douter de lui, d'elle-même et de leurs choix, mais ravalait les pensées confondantes. Elle se sentait responsable, bien qu'il ne lui ait jamais fait le moindre reproche.

Elle n'avait pas démérité. Trois ans de licence professionnelle, une réussite au concours de bibliothécaire, un an de formation pour intégrer la fonction publique, une improbable création de poste là où ils avaient grandi et un entretien d'embauche heureux. Ils n'avaient pas hésité longtemps à retourner au bercail. Tibor avait promis : avec ma licence de socio, je me débrouillerai.

Parfois, quand l'émotion la prenait de court, dans le silence ambigu de Flora-Tristan, Coralie laissait un mail en plan pour lui demander si tout allait comme il le voulait. La formule était absurde, presque vaine, au contraire de la douceur du geste qui l'accompagnait. Elle questionnait moins pour savoir ce qu'il valait mieux taire que pour poser avec délicatesse sa main droite sur son épaule. À mesure que ses doigts glissaient vers l'avant-bras frissonnant de Tibor, celui-ci répondait invariablement avec un pouce levé, préférant le calme d'un acquiescement aux tempêtes des longs discours.

Il était cependant convenu que, le mercredi, il fallait faire comme si de rien n'était. Laisser Coralie vaquer à ses pleines occupations, se comporter comme un simple usager.

Ce mercredi tombait mal.

Tibor n'avait pas la moindre envie de lire, pas même de feuilleter la presse du rez-de-chaussée. Pourchassé par les fantômes de l'entrepôt, il sentait monter en lui un dépit âpre et lancinant. Il reconnaissait le mal au ventre, sentait monter la colère, attisée par les pensées mauvaises. Il était venu à Flora-Tristan pour y retrouver de la tendresse et des bras chauds. Il en vint presque à jalouser les gamins du centre d'animation. Surtout les petits, autorisés à profiter des genoux de la bibliothécaire le temps d'une belle histoire.

Un boucan monstre. Des corps grouillant dans les allées. Des mains baladeuses sur les étagères.

Tibor étouffait. Les bouffées de chaleur s'accéléraient, phagocytaient les sensations émergentes. Il redescendit et se dirigea vers les toilettes du rez-de-chaussée, à gauche au fond de l'atrium, échouant face à la petite pièce intermédiaire qui séparait la zone sanitaire en deux parts étanches : hommes, femmes. La porte indiquait un point neutre, réservé aux handicapés qu'on ne voyait jamais.

Tibor s'y enferma à double tour pour évacuer ce qui restait du petit déjeuner. À chaque tentative de déglutition, il profitait des spasmes de bile pour expurger la rancœur. Il aurait voulu rendre plus, mais ces souffles d'air acides étaient tout ce que laissait passer sa gorge nouée. Alors il s'époumona en crachant de fins filets d'une salive ridicule. La seconde d'avant, celle où tout différait encore dans l'entrepôt, lui revenait et frappait comme un marteau. C'était le temps d'avant la mort. Il revoyait le couteau s'enfoncer, presque tendrement, puis butait sur la seconde d'après et sur la couleur d'un sang mat qui n'en finissait plus de couler.

Coincée dans sa poche avant droite, la clef de la Golf heurtait le grès des toilettes, ralentissant ses allées et venues imprécises au-dessus la cuvette. Ses bras maladroits se cognaient contre les deux barres d'appui latérales en inox. Il était enserré, il lui fallait se délester. Tibor jeta la clef sans réfléchir, loin derrière lui. Elle éclata, juste au-dessus du lavabo, le miroir central qui exhibait désormais une longue fissure diagonale. Le craquement nargua la sérénité aseptisée de la pièce et Tibor n'eut pas la patience. Il fracassa ce qui restait du miroir d'un coup de pied décidé. Il était temps de remonter.

C'est en rejouant son arrivée au premier étage qu'il aperçut Kader, submergé par une ribambelle de gosses au rayon Arts et Cuisine. Ce mercredi n'était pas comme les autres. Il y avait là une foule inhabituelle. Des mères de famille, des grandes sœurs apprêtées, quelques jeunes pères en solo. À la manière d'une vigie protectrice, Kader dépassait l'assistance d'un bon vingt-cinq centimètres. Tibor se demanda comment il avait pu ne pas remarquer sa silhouette effilochée, si caractéristique, lors de son arrivée.

Kader avait toujours une tête d'avance, surtout sur un terrain de foot. Une tête, joviale et rassurante, à jamais associée à leurs combinaisons, rodées par dix ans de championnats régionaux, des minimes jusqu'aux premières minutes officielles en sénior, juste avant qu'il ne mette les voiles pour l'université. Corner de Tibor Gabory, coup de boule de Kader Belkacem : c'était leur spécialité, la botte sur laquelle l'A. S. Cléricourt comptait, en cas de difficulté à poser le ballon. Ils en avaient arraché, de précieuses victoires sur coups de pied arrêtés, contre le cours d'un jeu qu'ils dominaient peu.

En apercevant son visage affairé émerger au fond de la médiathèque, Tibor pensa que si les dieux du stade avaient existé, son pote aurait migré vers le basket. Avec ses grandes mains, son mètre quatre-vingt-seize et son sens du collectif, il aurait pu tirer profit de son avantage comparatif. Mais le gymnase Raymond-Poincaré était accolé au Tennis Club du centre-ville. Trop loin du Bois-Vert, surtout en hiver. Et au pied des tours, il n'y avait aucun panier pour se rêver Michael Jordan.

Kader avait empilé les formations, enchaîné les contrats municipaux, jusqu'à diriger le centre d'animation Aimé-Césaire. Sept ans qu'il embauchait les grands frères et des filles qui venaient d'ailleurs, avec un diplôme d'État et beaucoup de bonne volonté. Il leur apprenait à réguler le flux des enfants du Bois-Vert, à éviter les flèches décochées par des parents revanchards – la faute aux bancs de l'école sur lesquels ils avaient posé des fesses déçues. Et pour agencer la valse des griefs, mieux valait pouvoir prendre les gens d'un peu plus haut. Kader enveloppait quatre papas d'un regard fier. Sans doute de vieilles connaissances du quartier. Il surplombait, mais jamais il n'écrasait.

Kader n'avait pas non plus repéré Tibor, trop occupé à exposer la logique du classement de Flora-Tristan à son petit groupe de pères attentifs. Une bibliothèque restait un monstre de papier tant qu'on ne disposait pas du mode d'emploi. Sortir un livre d'un emplacement numéroté : il avait fallu à Kader trois mois de stage dans l'ancienne bibliothèque Alexandre-Dumas. Trois mois passés à tamponner des fiches d'emprunt sur papier bristol sous la gouverne maternelle de madame Brigitte Desplat. Trois mois à tâter des tranches pour s'approprier le geste avec un minimum de naturel.

Si les deux amis avaient été amenés à aborder le sujet au cours d'une partie de poker, Tibor lui aurait conseillé : feuilleter du Pierre Bourdieu pour poser des concepts sur le ressenti – un nom qui n'évoquait à Kader rien de plus qu'une posture respectable, du genre intello généreux. Mais l'inégalité des destins venait rarement perturber le cours des parties du jeudi soir. Quand Tibor et Kader rebattaient les cartes avec Jo et Manuel, tout devait rester toujours possible. Même si Manuel n'avait jamais empoché la dernière mise.

Tibor constatait en tout cas qu'en ce mercredi surchargé, Kader menait sa petite opération de déconstruction avec brio : thématiques, auteurs, tables des matières, rangées, allées, réservations… Il passait la médiathèque au peigne fin. Les papas écoutaient et Kader, qui préférait les images sur papier glacé aux phrases en petits caractères imprimés, sortit les gros bouquins qu'il aimait emprunter : Picasso, Basquiat, Rothko, Van Gogh. Il les ouvrit en grand, fit toucher les pages sans restriction ni affliction particulière. Il ne s'agissait pas d'en jeter plein la vue mais d'initier aux manipulations futures.

En parcourant les monochromes et les natures mortes, les quatre pères se rendaient compte que la route serait ardue, bien plus pentue pour les gamins que pour les gamines. Mais ils savaient que Kader serait là, posté quelque part sur le bas-côté. C'était tout ce qu'il promettait. Accepter de se perdre sur les étagères pour y trouver des compagnons de route, martelait Brigitte Desplat, entre deux verveines citron miel. Kader se souvenait de son embonpoint, de ses robes à fleurs et de ses grosses lunettes rouges, avant le cancer qui l'avait emportée en sept semaines. Il avait adhéré à son enthousiasme, croyait à la force du volontarisme. Lui, le cancre du collège, pouvait aujourd'hui circuler entre les méandres formés par des piles de livres plastifiés avec cotation antivol. Cet après-midi, il passait le flambeau.

Kader aperçut la tignasse du Franco-Hongrois et lui adressa un grand geste amical afin que Tibor cesse de faire le zombie. Kader remarqua l'état vitreux de ses yeux : il avait encore dû bosser de nuit, à moins que ce ne soit les insomnies dont ils avaient causé jeudi dernier. Kader ne posa pas de question. Tibor évitait d'évoquer ses tafs à durée limitée qui, au mieux, ne l'intéressaient pas. À force, la *team poker* avait fini par ne plus savoir où il travaillait : cela variait, sans véritablement changer. Ce n'était pas ce présent-là qui les reliait.

Kader s'inquiétait tout de même de l'improbabilité du sort quand, après quelques verres de whisky, Tibor insultait les promesses inaccomplies. C'était quand même la tronche de la bande, celui qui avait des livres à la maison et des parents diplômés, celui qui recoupait les infos et avait les références. Il était parti faire ses études à Paris et Cléricourt connaissait la chanson : un gars qu'on ne reverrait plus. Tibor avait en effet disparu un temps, surtout après que son père et sa mère étaient partis prendre leur retraite à la montagne. Aucune raison de passer par Cléricourt quand la Savoie vous attendait. Et puis, il y avait deux ans de cela, il était revenu sans prévenir.

Kader les aimait bien, les parents Gabory. Il avait eu le paternel, Yannick, en quatrième, un prof sympa qui déclamait du René Char entre deux règles de grammaire. Tout le collège l'appelait « Le Poète disparu », la faute à une barbe folle, à des lunettes trop rondes et à Robin Williams. Sa mère était plus discrète. Kader ne se souvenait pas de son prénom mais trois traits revenaient : accent hongrois, fabrication de céramique, semis de carottes en fond de jardin. Il n'était passé qu'une seule fois chez les Gabory, à l'Extrême-Sud de la ville, alors le portrait était honorable. Avec Tibor, la connexion s'était faite sur le terrain, sous les rayures rouges et jaunes de l'A. S. Cléricourt, pour s'établir ensuite le samedi soir, à l'heure des packs de bières chaudes et des premiers flirts. Pour le reste, les six kilomètres séparant le Bois-Vert de la maison Gabory avaient joué comme un empêchement. Tibor et Kader s'étaient fréquentés dehors, là où le vent soufflait pour tout le monde pareil.

Cela suffit à renouer quand Tibor réapparut. Une inscription au futsal et ce fut reparti, malgré les années sans nouvelles. Kader était resté au Bois-Vert en thésaurisant : directeur du centre d'animation, secrétaire de la section foot de l'A. S. Cléricourt. Avec un petit diplôme dans le social, sa gueule d'Arabe et un enracinement dans le terroir, il était devenu un point de fixation. Chaque maire faisait de lui un interlocuteur privilégié, persuadé qu'il tenait le Bois-Vert, alors que la seule chose que l'on pouvait tenir dans le quartier, c'était ses murs. Et encore, il fallait être au chômage sept jours sur sept. Telle était en tout cas, pour tout ce que la ville comptait d'autorité municipale, l'évidence première : Aimé-Césaire, c'était Kader.

De son côté, Tibor avait – c'est lui qui le disait et personne d'autre – merdé. Il avait fait du surplace dans une filière sans grande issue, faute d'avoir su gérer la liberté offerte par l'université. Il était beaucoup sorti, avait plongé par à-coups dans des bouquins intrigants sans disposer d'une vue d'ensemble. Il avait lu comme un papillon de nuit, alors qu'il aurait fallu intégrer une colonie de fourmis. Il avait fini par travailler à temps complet dans la restauration pour soutenir un rythme estudiantin qui, bien que trépidant, s'étirait. Cinq années à Paris pour obtenir une licence dont Cléricourt ne savait que faire. Tibor Gabory en bas de l'échelle, c'était moche. Et d'ailleurs inexact : le salaire de Coralie compensait et ils avaient un pavillon orienté plein sud.

Tibor aurait voulu parler à Kader de l'entrepôt, de l'horrible enchâssement entre la nuit finissante et l'orée du matin. Mais par quels mots commencer ? Comment nommer l'horreur ? Personne n'était prêt à entendre ce qu'il avait à dire. Kader ne dérogerait pas à la règle. Se taire lui parut plus sûr.

Tibor tomba sur un mauvais mercredi. La journée des associations battait son plein et visait à implanter Flora-Tristan dans la carte mentale des habitants. L'opération dépassait les espérances associatives. Ça grouillait, ça papotait, on s'inscrivait. Coralie ne manquerait pas d'annoncer le record à Tibor : vingt-six nouveaux adhérents. Deux familles kurdes qu'on ne voyait jamais avaient même fait le déplacement.

Kader l'inondait de projections éducatives, mais Tibor avait décroché. La colère assombrissait son esprit et les propos de Kader se résumèrent à une conclusion délivrée sous forme d'invitation : soirée méchoui au Bois-Vert sous les barnums. Tibor accepta, moins par envie que par fidélité. Ils passeraient tout à l'heure avec Coralie.

Tibor fila vers le fond du plateau, sillonnant entre les lignes que dessinaient les étagères en mélaminé crème. Il marchait avec cette allure altière de diplômé, sûr de ses droits à emprunter un livre, donnant l'impression trompeuse de savoir ce qu'il était venu chercher en cet après-midi embouteillé. Le rythme accéléré de ses pas visait à expulser le trop-plein d'énergie que son corps, taraudé par une nuit dont lui seul connaissait l'exact déroulé, continuait d'emmagasiner. Il lui fallait décharger l'adrénaline, noyer la rancœur. Dans sa tête, des phrases s'agençaient, approchant les pensées qu'il aurait voulu voir aboutir. Mais on parlait fort tout autour et ses mots peinaient à voir le jour.

À travers la montée du volume sonore, Kader percevait la beauté d'une rencontre en train de se faire, peut-être même le son d'une réconciliation entre le Bois-Vert et le centre-ville. Tibor sentait plutôt poindre un compromis de façade, un brouillon démonstratif. Mais ce mercredi n'était pas jour à établir un diagnostic. Depuis ce matin, il ne maîtrisait rien.

Échoué au rayon Sciences et Techniques, Tibor prit place dans l'alcôve de l'espace informatique, espérant y retrouver le calme habituel de Flora-Tristan. Tapotements répétitifs, clics intempestifs. Les huit machines en libre-service rencontraient un succès rare mais apaisant. Les écrans avaient cette faculté de susciter une attention captive, d'absorber la plupart des conversations que produisait, en d'autres circonstances, le commerce des sociabilités ordinaires. Noir, chromé, parfaitement identique aux sept autres, l'ordinateur du fond semblait l'attendre.

Tibor s'installa, soulagé d'accéder à un point de chute. Internet divertirait ses doigts souillés qui, demain, glisseraient à nouveau entre les replis d'un corps mutilé. Pour l'heure, ils tapèrent douze lettres dans la barre de recherche du navigateur. Douze lettres qui, depuis ce matin, renâclaient au fond de sa gorge nouée.

Décapitation.

En première occurrence, la concision d'un dictionnaire en ligne.

Action de décapiter.

Au sens figuré : le fait d'enlever, d'anéantir ce qui constitue la partie essentielle d'une chose.

Suivie d'une invocation du patrimoine littéraire.

La prussification révolte les Allemands eux-mêmes qui lui attribuent hautement la décapitation de leur littérature et de leurs arts. (Maurice Barrès)

Il est certain que la capacité révolutionnaire des masses ouvrières a été freinée par la décapitation de la révolution libertaire, pendant et après la Commune. (Albert Camus)

Des grands hommes avec leurs métaphores. Des mots érigés, droits comme des statues.

Tibor switcha sur l'onglet vidéo, préférant entrer dans le vif d'une recherche sur laquelle il fondait peu d'espoir.

Décapitation.

Les films floutés pullulaient, se répartissant au sein d'une géographie attendue : Syrie, Irak, Afghanistan. Les commentaires s'empilaient. Les mots n'étaient que prétextes. Ils défaillaient et les images n'avaient plus qu'à trahir. Les photographies défilaient par centaines. Brouillées, pixélisées, imprécises. L'abondance éructait sans rien montrer. Tibor ferma les yeux en fixant les phrases que son cerveau tentait d'agencer entre elles. Elles allaient et revenaient. Puis un socle émergea.

Il aurait voulu crier au mégaphone mais, désormais, on gazouillait.

X, anciennement Twitter.

Petit oiseau bleu médium devenu croix noire pornographique. L'amplificateur au travers duquel le monde parlait sans écouter. Tibor avait jusque-là évité sa compagnie ; les piaillements obscènes que rapportaient les chaînes d'information en continu avaient suffi à le convaincre qu'il y avait mieux à faire que d'interrompre ses journées par des messages de deux cent quatre-vingts caractères maximum. Lire *L'Équipe*, par exemple.

Ça se passe maintenant. Rejoignez X, enjoignait la page de garde.

La plateforme ne mentait pas : ça se passait maintenant et il fallait qu'elles sortent, les phrases d'après. Avec leurs propositions, principales et subordonnées. À la suite d'un premier clic, l'interface demanda à Tibor d'inscrire sa date de naissance. Il s'inventa un anniversaire, s'assurant d'une majorité confortable : mentir pour balancer sa part de vérité, ça lui convenait tout à fait.

Recevez des e-mails sur votre activité et nos recommandations. Non.

Permettez aux utilisateurs de trouver votre compte grâce à votre adresse e-mail. Non.

Publicités personnalisées. Non.

Activez les notifications. Non. Tibor ne voulait rien recevoir, il offrirait.

Quelles langues parlez-vous ? Toutes. Converser avec le monde ou rien.

Qu'est-ce qui fait de vous une personne spéciale ? Ne réfléchissez pas trop et amusez-vous. Comment voulez-vous vous appeler ?

S'inventer un alias comme un baptême du feu : *@votre_serviteur.*

Satisfait de la justesse du pseudo, il cliqua en bas à gauche : *tweeter.* Un cadre grisé narguait son imagination par le biais d'une question ouverte : *Quoi de neuf ?* Deux phrases, qui disaient l'essentiel et qu'il se répétait en boucle depuis ce matin, s'imposèrent.

Ce matin j'ai décapité.
Le sang coule pour vous.

Tibor s'arrêta. Les faits ne suffisaient pas. Demain approchait.

Remerciez-moi.
Même si vous ne voulez pas savoir.
De toute façon, il est trop tard.

C'est ainsi que Tibor mit des mots sur la chose, insufflant son rythme propre sur une lame de fond qui pouvait maintenant se résumer à un hashtag : *#décapitation.*

Dans l'alcôve, personne ne prêta attention à son excitation silencieuse. À sa gauche, sur le poste numéro sept, deux garçons enjoués en survêtement noir, treize ans à peine, se défiaient sur un écran partagé à coups de grenades à fragmentation et de fusils automatiques. À sa droite, une fenêtre avec vue sur la rue Simone-Weil était obstruée par un store noir.

Son message partait comme une bouteille à la mer. Insignifiant, il se perdrait au large et se noierait dans les profondeurs du *World Wide Web*, vaste océan d'indifférence. Tibor était pourtant soulagé. Il avait aimé l'exercice, l'obligation à la concision comme l'invitation au partage. Et il ne s'était pas laissé embarquer. Pas de litanie, aucune idéologie. Une remise clinique des sentiments en fond de cale. Sa vérité en cinq phrases, sans déborder.

Tibor referma la fenêtre du navigateur et s'apprêta à quitter le poste huit, quand une jeune femme, à peine plus âgée que lui, le remercia en arborant un sourire avenant. Elle allait prendre la suite et devait avoir patienté, juste là, dans son dos. Tibor ne l'avait pas vue arriver.

Avait-elle réussi à lire par-dessus son épaule ? Avait-elle deviné ? Pour la décapitation et pour le sang ? C'était peu probable, mais l'idée ne lui déplut pas complètement.

Elle n'avait pas l'air horrifiée, semblait conciliante. Sans doute était-elle pressée d'accéder à la machine, bien qu'elle n'en laissât rien transparaître. Son visage, aux traits fins soulignés par un maquillage sophistiqué, demandait que l'on s'y perde. Il était entouré d'un voile rose vif, qui recouvrait l'ensemble de ses cheveux pour retomber délicatement sur ses épaules. Tibor reconnut un je-ne-sais-quoi de familier dans son regard opalin et perçut, dans le match amical que jouait le rose du *hijab* contre le *Swoosh* vert grenat de ses Air Max, une perfection absurde.

Une fillette exhibant avec une gourmandise contagieuse un biberon laiteux l'accompagnait. Du fond de sa poussette, la petite décocha un gloussement irrépressible. Puis s'agrippa avec ses mains potelées quand Tibor lui présenta son index gauche. Elle avait deux ans et sept mois et s'appelait Samia, précisa la maman, en devinant la question que Tibor posait avec ses yeux attentionnés. Pour la première fois, en cette journée trop longue, il rit.

Au revoir, petite Samia.

Belle journée à Flora. *Inch'Allah.*

Jeudi

2 h 47. Pas moyen de fermer les yeux. Tibor se retourna à nouveau. Trois fois en moins d'une minute. À ses côtés, Coralie dormait profondément. Elle n'avait quasiment pas bougé depuis qu'il s'était glissé sous les draps, à minuit vingt-trois.

2 h 49. Depuis que le sommeil était devenu intermittent, c'était toujours pareil : Tibor scrutait sur la table de nuit la rigueur numérique du radio-réveil qui battait la mesure. Il revisitait les moments de la journée en suivant le défilé impitoyable des chiffres du temps passant. À la longue, la collecte des souvenirs du jour assommait.

2 h 52. Après la médiathèque, Coralie n'avait pas voulu l'accompagner au méchoui du Bois-Vert. Elle tablait sur la soirée série. Tibor était parvenu à s'éclipser, prétextant une promesse malvenue, faite sans réaliser que l'on était mercredi. Toute l'équipe du futsal allait être de la partie : ils en profiteraient pour préparer le match contre Pelleport Sport. Le week-end arrivait et le derby se profilait. Une finale avant l'heure. Tibor savait qu'il n'y aurait que Kader et, au mieux, petit Jo. L'imprécision coupable ne portait pas à conséquence.

2 h 53. Les soirées série du mercredi commençaient à l'ennuyer sans qu'il puisse identifier la cause de ce revirement. Il appréciait les choix informés de Coralie, son habileté à faire le tri parmi la surproduction mondiale. Il désirait toujours le contact délicat de sa peau contre le moelleux du canapé. Il n'y avait aucun problème objectif avec leur mercredi soir, cette petite institution câline au goût salé de l'Italie. Chacun y mettait du sien ; Tibor préparait des lasagnes en suivant des recettes toujours plus élaborées quand Coralie partait plutôt sur un risotto qu'elle déclinait en fonction de la valse des saisons chez Sifaoui. Et s'ils avaient la flemme, ils tapaient dans le stock de pizzas bio du congélo. Ils démarraient par un assortiment d'antipasti : olives, noires ou vertes, tomates séchées, poivrons grillés, artichauts marinés, champignons à l'étouffée, jambon de Parme, câpres, vrais gressins importés du Piémont. Avec des Peroni glacées, la soirée sentait la Méditerranée, même au cœur de l'hiver. Ils regardaient au moins deux épisodes, souvent quatre, et terminaient par un limoncello qui annonçait de sages galipettes dans la chambre attenante.

Parfois, l'amour n'attendait pas. Leurs corps s'étalaient sans préliminaires, jonchés sur le parquet flottant. Ils s'agrippaient l'un à l'autre, mi-bêtes, mi-enfants, devant un dernier épisode qu'ils ignoraient en improvisant des positions inconfortables que l'absence de lit obligeait à inventer. Mais depuis quelques semaines, le cœur et le corps n'y étaient plus. La gêne devenait épidermique. Tibor snobait les *antipasti*, surtout la charcuterie raffinée. L'appétit suivait les mouvements ratatinés de l'esprit ; quelque chose en lui se refermait. Il n'assurait plus le ravitaillement en marinades à l'hypermarché, ne prenait pas la peine de faire revenir une poignée de champignons avec des *penne al dente* saupoudrées de parmesan. Agrémenté d'un peu d'ail et de persil, c'eût été un effort minime. Il en était là, à volontiers s'accommoder de substituts industriels.

Il ne la touchait plus comme avant. Coralie l'avait remarqué, sans intellectualiser le problème, qui n'en était donc officiellement pas un. Elle imaginait un coup de mou, mais Tibor était en partance. Alors, avec un peu de lâcheté, il incita Coralie à poursuivre la série du moment sans lui. Son tact la contenta : elle échappait au méchoui ; il filait vers le Bois-Vert ; ils se rattraperaient la semaine suivante. Tibor perdait pourtant le goût des *cliffhangers*, du frisson par procuration et des scénarios à tiroirs.

2 h 56. Malgré le froid, la soirée fut une réussite. Une centaine de personnes, de bonne humeur et du même bord politique. Un gueuleton entre bénévoles sur la dalle du Bois-Vert en plein novembre, c'était sélectif et cela vous posait un certain type d'hommes et de femmes sur la dalle. Sous les lampions, entre les tréteaux municipaux et les bancs en enfilade, les conversations s'étiraient en s'appuyant sur la surface des connivences immédiates.

2 h 57. La soirée s'animait plus rapidement qu'à l'accoutumée. On s'agglutinait à la buvette avec une impatience de circonstance. Il faisait froid, il faisait faim et c'était le tout premier méchoui du nouveau maire.

Tibor était posté en retrait, soda à la main. Il observait l'agneau embroché depuis une table sans convives. L'odeur tournante de la viande grillée l'incommodait. Les plâtées de condiments le rebutaient. Il n'avait rien avalé depuis bientôt vingt-quatre heures et cela ne s'arrangerait pas sous les barnums. La technique du gros Paulo était fascinante d'accomplissements. Il maniait le coutal et la lime comme personne. Tibor peinait à détacher son regard des longues saignées qui rythmaient son travail de sape.

Paulo avait entamé une brève carrière dans la charcuterie chevaline, à l'époque où les clients existaient encore, avant de se faire embaucher au service cantine et restauration de la ville. Très vite, il prit en charge les barbecues du 14 juillet, les kermesses de fin d'année et les apéritifs de bienvenue. Depuis, sa voix donnait le *la* quand le charbon chauffait aux frais du contribuable. Cléricourt se l'entendait dire et redire à tue-tête, entre les odeurs de barbeuc et les rasades de mayonnaise : Paulo se repaissait du jus blanchi des andouillettes, de l'orange huileux de la graisse à merguez et du cul débordant de sa Gina qui servait les boissons comme personne. Verres pleins et mémoire d'éléphante : on pouvait compter sur elle.

Comme le vieux Sifaoui, Paulo et Gina semblaient garder un cap qu'ils avaient fixé depuis toujours. La soirée battait son plein : Paulo hélait, aiguisait, coupait, tranchait avec l'assurance bonhomme qui faisait de lui le roi de la bidoche municipale. Gina remplissait les gobelets en visant au plus juste et étanchait la soif en continu. Jusqu'à présent, Tibor avait réduit Paulo à une caricature champêtre : des blagues grivoises, de la sueur à grosses gouttes, un bide de femme enceinte, de la sauce à volonté. Mais, ce soir, il appréciait la fine lame.

Finalement, Jo se pointa. Tibor évoqua à peine Pelleport Sport avec le petit agent immobilier. Ils maîtrisaient le plan de jeu : rester bas sans se désorganiser, jouer vite, courir dans les intervalles, compter sur la tête de Kader pour les coups de pied arrêtés. Pour le reste, chacun dribblerait à l'expérience. Or, on pouvait tabler sur l'endurance collective, malgré l'épidémie de tempes grisonnantes qui contaminait l'équipe.

Kader papillonnait ; sa journée marathon l'absorbait tout entier. Sous la lumière tamisée qui éclairait les barnums, il introduisait le nouveau maire aux figures historiques du quartier, à moins que ce ne se fût l'inverse – c'était difficile à dire tant chacun ressemblait à un candidat en campagne. Tibor avait oublié le nom de l'édile : le blanc-bec n'était pas du coin. Il avait creusé son trou il n'y avait pas si longtemps et travaillait dans une grosse boîte à Pelleport depuis à peu près cinq ans. Il portait le costume cintré comme un habit de lumière, transpirait la social-démocratie. Les rumeurs évoquaient un parachutage, peut-être même un destin national.

La droite s'était en tout cas déchirée toute seule : quatre candidatures pour autant d'ambitions personnelles, en plus des fachos qui voulaient tondre à ras le Bois-Vert. Même à Cléricourt, cela faisait trop de crapauds pour un seul étang. Le petit nouveau, inconnu au bataillon des joutes électorales, était passé sans autre programme qu'un esprit de concorde un peu hautain pour affronter la peur du lendemain. Et puis, sa femme, une belle dame brune, élancée et bien mise, plaisait. Une prof de philosophie à lunettes jaunes, en poste dans la nouvelle annexe du lycée, en bordure du Bois-Vert. On la voyait circuler à vélo sur la départementale reliant le quartier au centre-ville où ils habitaient, dans un ballet d'allers-retours assez incongrus pour attirer l'attention de toute une ville. Les voitures la doublaient avec une précaution exagérée et le corps électoral identifia vite cette femme, chic et volontaire, qui semblait avoir été téléportée à Cléricourt en mission et en robe de saison.

Son mari avait fait les efforts nécessaires sur sa gauche pour que les syndicalistes se rallient à sa candidature : être là ce soir, après avoir augmenté le budget de la culture, c'était, à l'échelle de ses prédécesseurs, presque une révolution. Dans la fraîcheur de novembre, il semblait pleinement s'ouvrir à ce qu'il avait nommé, dans une profession de foi un peu pompeuse, la diversité communale. Il souriait, humait la chaleur qui émanait de son carré de viande chaude agrémenté d'un long filet de harissa qui, bientôt, allait tacher une chemise trop blanche pour l'événement.

3 h 10. Jo avait décampé après deux tours d'agneau. Soucieux, il avait passé plus de temps à pianoter sur son téléphone qu'à parler avec Tibor. L'arrangement était réciproque et n'avait rien d'inconfortable : Tibor n'avait pas relancé, une fois la tactique contre Pelleport Sport arrêtée ; Jo avait l'amitié silencieuse et ils n'avaient rien de plus à partager que la fatigue qui ponctuait leur journée. Jo devait rentrer coucher les jumelles pour soulager Aurélie qui ne s'en sortait plus. Elle reprenait le boulot plein pot et les filles le lui faisaient payer cash, surtout quand il rentrait tard du bureau. Tibor écoutait avec une sympathie curieuse : toutes ces contraintes familiales le dépassaient. Il n'avait rien à en dire.

3 h 12. En accompagnant du regard la sortie du petit milieu défensif, Tibor tomba sur un éclat fuchsia qu'il reconnut immédiatement : le *hijab* de la maman du poste huit. Ils échangèrent quelques amabilités de circonstance : après leur session informatique, la petite Samia avait passé une belle journée. Elles avaient eu droit à des contes scandinaves lus par des bibliothécaires qui savaient y faire. Samia dormait à présent chez son père, à côté, au troisième étage des Peupliers. Tibor fixait Farida : il l'avait déjà vue quelque part, peut-être même un peu regardée. Il en était sûr, à moins que l'intime conviction fût une ruse inconsciente, destinée à étirer la conversation.

Farida venait d'emménager juste en face, aux Cerisiers, dans la plus haute tour du quartier. De son balcon, on voyait la ville pour ce qu'elle était : une anomalie jaillissant d'entre les terres agricoles. Farida cherchait du travail de secrétariat, envoyait chaque jour son CV depuis la médiathèque en attendant d'avoir une connexion Internet. Avec son patronyme et son adresse, ça prendrait un certain temps, mais elle restait confiante.

3 h 31. En basculant lentement sur la droite pour ne pas réveiller Coralie, Tibor se dit que la jolie Farida ne resterait pas longtemps célibataire. Il s'entêtait à essayer de retrouver les traits de son visage sans pour autant y parvenir ; ceux-ci se perdaient dans l'imprécision de sensations brumeuses et agréables.

3 h 33. Coralie se leva pour boire un verre d'eau fraîche les yeux demi-clos. Tibor ne parvenait pas à sombrer.

3 h 37. La soirée se termina au whisky chez Kader, le Coca zéro du méchoui n'ayant pas suffi à noyer la fatigue du jour. Tibor n'avait pas réussi à évoquer l'entrepôt avec lui. On ne revendiquait rien avec un ami, on partageait juste ce que l'on pouvait. Il laisserait sa prose et ses mains coupables à Internet. Ils parlèrent potins, entretinrent quelques ragots. Apparemment, Jo avait une meuf en loucedé, une collègue du boulot qui travaillait dans la même agence. Plus âgée, plus grande, divorcée. Et aussi brune qu'Aurélie était blonde. Presque tout le monde savait. Tibor n'était pas étonné, bien qu'il n'eût rien remarqué. Aurélie allait morfler.

3 h 40. L'état civil du maire de Cléricourt lui revint comme un boomerang : *Sébastien Berthier, ingénieur agronome.*

4 h 56. Tibor se leva sans réveiller Coralie et se brossa les dents. Vite et fort.

5 h 15. Il quitta le 45, rue des Roseraies sous un froid de givre.

5 h 37. La titine tenait la route.

6 h 01. Du sang sur la main droite.

6 h 02. Du sang partout.

8 h 14. Deux têtes nues. Déposées sur le béton.

10 h 16. Les membres arrachés : la méthode se répétait.

Se défaire de ces corps que l'on ne reconnaîtrait plus.

12 h 12. Tibor tremblait, à nouveau prostré à l'extérieur de l'entrepôt. Il avait recommencé, s'était appliqué des heures durant. Cela avait été à la fois plus sale et plus propre que la veille. Les secondes d'avant avaient été ordurières. S'acharner fut la seule manière de faire. Celles d'après empestaient le désinfectant. Il avait répété le protocole en l'améliorant. À l'intérieur, il perdait toute notion du temps. Les cadavres s'empilaient, cela finirait mal. On le disait, et Tibor savait désormais à quel point cela était vrai : le sang montait à la tête.

Dehors, le soleil continuait de briller, comme s'il cherchait à défier le mois de novembre. Personne aux alentours.

14 h 28. Rosa Maria João fit de grands signes à travers la vitre, au cas où viendrait à Tibor l'idée saugrenue de lui poser un second lapin. Il la salua et entra, alerte. Oui, il avait été sacrément malade hier. Cet arrangement d'écolier avec la réalité était ce qu'il avait trouvé de mieux pour la rassurer.

Rosa Maria s'était inquiétée et il n'allait pas rentrer dans les détails, inimaginables. Elle lui tendit le numéro de *L'Équipe* de la veille qu'elle s'était appliqué à conserver avec le soin qui caractérisait chacun de ses gestes. L'attention visait à conjurer le mauvais sort et le journal était, cela allait sans dire mais elle insista, offert avec les compliments de la maison João.

Tibor plongea dans l'édito avec un enthousiasme excessif, destiné à Rosa Maria qui s'en délecta. L'article questionnait l'influence grandissante des États pétroliers sur l'économie du football européen. Le journaliste n'avait pas su choisir entre l'analyse géopolitique et la ferveur de l'amateur, s'essayant à une synthèse maladroite. L'immensité des budgets garantissait des salaires de rentiers à des superhéros courant les uns contre les autres au sein de *dream teams* invincibles. Sommés de gagner au pas de charge, les clubs avalaient les records sans étonner personne. L'édito n'approuvait ni ne condamnait. On n'avait juste jamais vu ça. Il suffisait de suspendre la morale pour apprécier le spectacle.

Rosa Maria João n'avait aucune opinion sur le sujet. Il n'y avait qu'un seul joueur valable sur le rectangle vert, le petit gars de Madère, pour qui elle allumait volontiers la télé quand ses fistons revenaient à la maison. Cristiano avait placé le Portugal sur la mappemonde et empilait les buts entre les lampées de *vinho verde*.

Rosa Maria insista pour qu'il prenne un café dans l'arrière-boutique, entre les piles d'invendus et le petit stock de revues érotiques réservées à trois habitués qui tenaient à leur anonymat. Il était corsé et ça lancerait la journée. Elle avait su lire les traits fatigués de son visage.

Tibor la quitta rechargé, avec l'envie de reprendre les choses là où il les avait laissées. Il marchait avec conviction au milieu des rues piétonnes. Sous le bras droit, deux quotidiens pour le prix d'un. L'édito du jour revenait sur la dernière saillie du totem du tennis français. Yannick Noah en appelait à l'esprit de résistance : les millions du foot colonisaient tout. Ils venaient de lui voler sa Coupe Davis.

14 h 50. Coralie avait quitté Flora-Tristan depuis près d'une heure pour suivre une demi-journée de formation à Pelleport, axée sur l'accueil du public handicapé. Elle avait prévenu qu'elle rentrerait tard, il y avait quelques jours déjà, mais Tibor avait oublié.

S'accommodant volontiers de son absence, il entra dans la médiathèque, soulagé de pouvoir se diriger vers les machines sans avoir à s'expliquer. Christine, postée comme tous les jeudis à l'accueil du rez-de-chaussée, lui sourit amicalement et reprit sa lecture jusqu'au prochain visiteur qui n'arriverait pas avant trois bons quarts d'heures.

Personne au premier. Personne au second. Personne dans l'alcôve. C'était parfait. Pas même Farida, que Tibor chercha du regard sans même s'en rendre compte. Il retrouva son poste huit, puis se connecta.

@votre_serviteur.

Tibor peinait à prendre ses repères sur la page d'accueil qui proposait surtout des comptes de célébrités auxquels s'abonner. Son regard fut attiré par un menu en larges caractères, sur la gauche de l'écran.

3 978 notifications. 194 messages.

Au centre, un décompte vertigineux.

7 003 abonnés. 4 975 J'aime. 789 commentaires.

Tibor déroula.

YES ! Faut couper les têtes du gouvernement (@yellow_is_the_new_block).
1 265 J'aime.

Fake, mytho. Sheitan de salon (@lebigjulian).
322 J'aime.

Balance ta Marie-Antoinette (@tarpediem).
744 J'aime.

Entouré de plus de trois mille livres et de huit ordinateurs, Tibor était étrangement seul. Il n'avait pas posté pour obtenir un shoot de validation sociale, encore moins pour se faire repérer. Il voulait juste trouver les mots pour étayer la souffrance, pourchasser l'ingratitude. Force était pourtant de constater que les algorithmes avaient travaillé dans la nuit, lui ouvrant les portes d'un nouveau cirque.

Tibor suivit le trajet du câble d'alimentation qui sortait de la face arrière du poste huit jusqu'à la prise secteur et tira d'un coup sec. Il éteignit son portable, désossa le capot arrière et retira la puce qu'il glissa au fond de sa poche.

15 h 45. Sous la douche, Tibor imaginait les prochaines étapes. Ses pensées s'accéléraient, aiguisant la précision de son vocabulaire intérieur. Il aurait pu rester ainsi jusqu'à la nuit tombée, bercé par les coulées d'eau chaude et clairvoyante. Il avait beau avoir vidé tout ce que contenait la bouteille de gel adoucissant fraîcheur coco sur son corps, rien n'y faisait : il daubait la mort. Le suintement de l'entrepôt collait à la peau. Il pouvait insister, mais ces choses-là s'accumulaient. Il allait falloir être prudent.

Une fois séché, Tibor bloqua l'accès de son portable au réseau de téléphonie du mobile, se connecta au Wi-Fi du pavillon et s'informa sur les meilleurs VPN offerts par le marché. Les *Virtual Private Networks* isolaient les connexions du trafic en ligne, les remplaçant par des localisations labiles et programmables. Pour douze euros par mois, on devenait intraçable. Il suffisait de paramétrer les lieux désirés et la connexion suivait. Il s'inscrivit et passa de Copenhague à New York en quelques secondes. En un clic, il faisait mieux que disparaître : il se téléportait.

Pour sa première session VPN, Tibor n'avait aucune prédilection. La photo de vacances prise dans la médina d'Essaouira – celle qu'ils aimaient tant, derrière les fortifications en style Vauban, avec leurs cheveux éventés sous un soleil de bord de mer – le narguait gentiment, juste au-dessus de la petite commode dans l'entrée. Ils n'y étaient jamais retournés, malgré les jolis souvenirs. Tibor cliqua sur le Maroc. À quinze heures cinquante-neuf, son portable émettait officiellement à Casablanca. Il pouvait reprendre le fil.

16 h. 10022 abonnés. 11203 J'aime. 1089 commentaires.

Les chiffres grimpaient, les messages s'emportaient. Une tendance de fond se dégageait. Parfois politiques, souvent crus, majoritairement ironiques, les commentaires demandaient la suite, incitaient à la récidive. Tout le monde en voulait plus. Tibor pesait ses adverbes, cherchait ses adjectifs.

16 h 10. 11062 abonnés. 12922 J'aime. 1319 commentaires.

L'empilement des suppositions surréalistes assurait paradoxalement la crédibilité de son profil. Chacun croyait savoir, mais même les plus malins étaient loin du compte. Ils interprétaient de travers, grossissaient le trait. Les relents de noix de coco synthétique étalés sur sa peau couvraient l'odeur de lessive bio de leurs draps frais, mais tout ressortirait ; il n'y avait jamais que des parenthèses. Alors il ferait durer, servirait ses phrases en maître de cérémonie, prêt à satisfaire la voracité du peuple connecté.

Son deuxième post prenait forme au gré des incompréhensions et des sarcasmes déposés sur son compte. Tibor ne pouvait ignorer ces individus qui l'engrossaient, cette force émergente, à la merci des prochaines phrases. Il s'en tiendrait aux faits bruts. Il n'était pas enclin à alimenter les complots paresseux et le dédain de l'époque. Il énoncerait juste le monde tel qu'on ne voulait pas le voir. C'était à la masse de faire un pas vers lui, de se rapprocher de la tuerie en marche. Il la décrirait en des termes simples. S'ils voulaient comprendre, ils devraient commencer par croire à ses questions plutôt qu'à chercher des validations à leurs réponses.

Je l'ai encore fait.
Ce soir et ce matin.
Le sang coule.
Des corps morts.

Les têtes giclent.
Hachées pour votre bénéfice.
La guerre est là, mais vous ne la voyez pas.
Pêcheurs du dimanche, que faites-vous ?

#décapitation

16 h 28. Tibor s'assoupit.

18 h 58. Coralie ne put s'empêcher de pousser un soupir agacé en voyant Tibor affalé sur le lit en caleçon.

Il avait cuisiné des pâtes au gruyère sans faire la vaisselle, n'avait ni arrosé le yucca ni passé l'aspirateur. Il s'était endormi, téléphone à la main, ce qui ne la surprit pas non plus. Il passait de plus en plus de temps sur son écran – elle aussi, d'ailleurs. Et puis, il y avait le porte-clefs du trousseau de la Golf, un Grand Schtroumpf un peu ratatiné qu'il traînait depuis des années, qu'elle avait retrouvé, détaché, mercredi dans les toilettes de la médiathèque, à même le sol. Elle n'avait rien dit à ses collègues, mais elle soupçonnait Tibor d'avoir fait le coup du miroir. Le Grand Schtroumpf ne s'était pas retrouvé au milieu des éclats de verre par hasard. Depuis qu'il avait cassé la vieille carafe d'eau et le grand vaisselier rouge après deux mouvements d'humeur mal maîtrisés, elle s'inquiétait. Il s'était excusé, sa douceur était vite revenue, mais un feu étrange couvait. Elle ne pouvait l'ignorer.

Coralie ne s'était pas rendue à sa formation, qui n'avait jamais eu lieu. Pour la première fois, elle lui avait menti. Elle avait passé l'après-midi dans une brasserie de Pelleport avec Julien, son collègue préféré, le fils Schöndorfer, héritier de la papeterie de Cléricourt, une institution du secteur piéton qui, grâce aux fournitures scolaires et à son rayon Mangas, résistait à la zone commerciale. Julien avait grandi entre les cartons et les magazines. Il était drôle, assuré, cultivait le sens du commerce. Il savait insister. Un an qu'il essuyait les refus polis, mais ce jeudi, après deux verres de rouge, Coralie avait dit oui jusque chez lui.

Elle observait le corps de Tibor, à moitié recroquevillé. Elle aurait pu user de manières douces, compréhensives. Le sentiment de culpabilité l'y incitait et peut-être l'aurait-elle fait si le yucca n'avait pas, une fois de plus, été oublié. Elle arrosa la plante en montant le son de la radio dans le salon. Rien de très frontal.

Flip Flap, leur petit tigre câlin, arriva en minaudant. Agile et gras, il miaula sans discontinuer, puis passa entre les jambes de Coralie pour s'y frotter avec insistance. Le geste, affectueux et répété, était stratégique : l'heure de la pâtée poignait. Coralie se dirigea vers la cuisine sans grande conviction. Le volume de la musique du salon couvrit le bruit de ses sanglots, qu'elle ravala en ouvrant un mini-sachet de filet en gelée. Flip Flap, satisfait et reconnaissant, ronronna, avant, pendant et après la douce régalade.

Coralie avait déjà enterré ces grandes vagues d'excitation adolescente qui l'avaient tourmentée les jours précédents, lorsqu'elle s'imaginait avec Julien. Mais elle ne savait pas encore si, après cet après-midi un peu minable, il resterait Ju ou deviendrait un Schönderfer, mis à une distance courtoise et définitive. Elle s'était fourvoyée et partit faire les courses, excédée, sans réveiller Tibor. Après tout, c'était à lui de courir après le temps perdu. Il avait annoncé qu'il serait chez Kader à dix-neuf heures. C'était leur poker, ses potes, son retard. Pour le reste, il était trop tôt.

19 h 57. Tibor arriva dans le hall de la tour des Peupliers. Les gars l'attendaient depuis près d'une heure. Il monta dans l'ascenseur pour rejoindre l'appartement 107 porté par une nouvelle excroissance.

17052 abonnés. Beautiful ! (@goth_thelife)

17099 abonnés. La guerre est économique. Butez du patron (@KarlitoKapital)

17211 abonnés. Nike les têtes de flics (@elbourghi_94)

17328 abonnés. Dieu est tout-puissant, lui seul coupe les têtes (@salim_salam)

17428 abonnés.

Rien n'arrêterait la courbe ascendante, surtout pas la partie du jeudi qui n'était jamais qu'un interlude, une pause récurrente entre deux week-ends. Au dixième étage, la porte du F4, au fond à gauche, était entrouverte. Tibor s'y faufila en lançant des excuses que personne n'écouta. Kader avait les nerfs : trois jeudis d'affilée qu'il perdait l'intégralité des sommes mises en jeu. Ce soir, il recevait et comptait bien mettre cet avantage à profit. Jamais il n'avait essuyé une défaite dans son salon.

Jo démarra, concentré. Ce n'était pas sa soirée. La *team* le chauffa à blanc. Trop de bruits couraient sur sa double vie pour le laisser jouer en toute impunité.

Kader fut le plus lourd. Ils avaient grandi au Bois-Vert comme des frères, au sixième étage des Platanes, alors tout était permis, surtout côté cul.

Blonde ou brune ? Soir ou matin ? Les baisait-il *back to back* ? Les réponses, crues, n'intéressaient personne ; seule comptait la mine défaite de Jo. Tous attendaient ses esquives malhabiles, ses accès de pudeur légendaires qu'il importait jusque sous la douche du vestiaire. Le moindre tic amusait. Jo n'avait plus le cœur à bluffer et perdit partie sur partie. Peu de mots, zéro discours, façade charpentée en marbre froid, Jo était ainsi constitué. Le voir aussi désarmé faisait partie de ces situations qui n'amusaient que Tibor, Kader et Manuel. Ceux qui distinguaient la norme de l'accident et à qui il finit par se confier : il songeait sérieusement à quitter Aurélie pour Gabrielle.

Kader rangea les sous-entendus sur la gaudriole : il appréciait Aurélie, sa patience, son entrain si communicatif, cette manière qu'elle avait de parler aux jumelles et la jolie façon dont elle avait arrangé leur maison de maçon. Jonathan, Aurélie, Camélia et Lola Fernandes formaient un bloc dont il enviait la solidité apparente. Peut-être que l'on abîmait toujours ce qui comptait et que l'on finissait par fuir parce que l'on ne savait pas s'accrocher sans se blesser. Mais ces choses-là ne se disaient pas un jeudi soir. Alors, pour le futur de la famille Fernandes, on réfléchirait plus tard.

Manuel jouait de mieux en mieux. Il haussait son niveau moyen : des brelans et des suites royales, jusqu'à encaisser un profit de trente-trois euros. Le vieux salarié de la cimenterie de Cléricourt avait rencontré Tibor à l'usine lors d'une mission de six semaines, il y avait un an de cela, et peinait à quitter la case où on l'avait rangé depuis qu'il fréquentait les trois footeux. Il faisait d'indéniables progrès mais restait encore sur le bord extérieur. Telle était la règle pour le dernier arrivé : patienter.

Kader gagna deux fois de suite et célébra la remontée en remplissant tous les verres de la table d'un whisky cinq ans d'âge. Jo tentait des dingueries qui passaient une fois sur trois. Tibor jouait en pilote automatique. Ses mains se baladaient, organisaient le placement des cartes, mais elles ne pensaient plus poker. Sur ses paumes sèches, la blancheur du solvant et la rougeur du sang brûlaient encore.

À vingt-deux heures trente-sept, il n'y avait dans le salon de l'appartement 107 de la tour des Peupliers qu'une seule certitude : Kader Belkacem, Jonathan Fernandes et Manuel Oliveira ne savaient rien des nuits de Tibor Gabory.

23 h 59 : 24 567 abonnés.

Vendredi

Bertrand Francine n'était pas convaincu. À défaut de preuves, il lui fallait des indices. Et là, il n'avait rien de plus que ce dont tout le monde disposait : deux messages exaltés sur un réseau social.

C'était surtout la pelletée de commentaires qui dérangeait. La somme des défenses et illustrations ennuyait la présidence, inquiétait l'Intérieur. Avec près de quarante-neuf mille mentions au compteur, *#décapitation* frappait à la porte du top quinze des tendances sur X.

Ce matin, le hashtag commençait même à déloger la vie privée des superstars. La semaine s'achevait sur cette montée. Chacun aurait une opinion tranchée d'ici la fin du week-end. Les flux et reflux des positionnements allaient devenir un problème si on laissait pousser la chienlit. Il fallait en finir avec la vague interprétative, débusquer.

Tel était à peu près le résumé de la conversation téléphonique qui venait de s'achever entre Bertrand Francine et Mandrin, le chef de cabinet de la Place

Beauvau, toujours aussi peu amène. Journalistes et influenceurs s'abonnaient au compte du maboule qui pouvait aujourd'hui se targuer de compter plus de trente-sept mille abonnés et d'avoir été l'objet d'un *débrief* de trois minutes lors du petit déjeuner présidentiel.

Perversité ? Revendications politiques ? Menaces pour la sécurité nationale ? Fantasmes d'un *nobody* ? Canular de mauvais goût ? L'affaire autorisait toutes les conjectures. Du pain bénit dans une actualité en dents de scie.

Le *serviteur* écrivait avoir décapité. Bertrand Francine en avait vu, des dérangés, des affabulateurs, des justiciers. Les autorités compétentes l'avaient mandaté pour avancer sur l'enquête et pondre un rapport d'ici à lundi. Il fallait devancer la presse. La chasse était lancée.

Le commissaire général posa ses lunettes rondes sur son bureau Henri IV qu'il réorganisait systématiquement en fin de journée, en simple prévision du lendemain. Il commanda un café à Françoise, sa secrétaire personnelle, rompue à ses habitudes matinales. Un allongé, deux sucres, une touillette en bois.

Après l'avoir remerciée dans les formes les plus habituelles, Bertrand Francine se dirigea vers la grande fenêtre centrale qui tutoyait les moulures du plafond et donnait sur l'avenue Marigny, offrant une vue imprenable sur le palais de l'Élysée. À travers la vitre, il fixa le trottoir adjacent sans visée particulière : ses yeux bleus s'accrochaient à une vague ambiance familière. La circulation était fragmentaire : peu de voitures, quelques passants pressés, des trottinettes trop rapides pour les reliefs haussmanniens. Le VIIIe arrondissement émergeait et s'élevait au-dessus de la torpeur du matin. Dans une heure ou deux, les taxis se feraient plus réguliers et les costumes-cravates partageraient la chaussée avec des grappes de touristes revenant des Champs-Élysées. La léthargie cossue qu'il observait depuis le rebord de sa fenêtre était réconfortante. Cet air chargé d'une importance à venir nourrissait l'imagination : sans bouleverser l'ordre des choses, il laissait sa place au possible.

Bertrand Francine ne croyait guère à la piste terroriste qui agitait Mandrin depuis que le Président, en se régalant avec les croissants au beurre normand de la boulangerie Ben Saïd, tenante du titre de la meilleure baguette de Paris pour encore un mois et demi, avait confirmé vouloir en savoir plus. Depuis cinq ans, Bertrand Francine avait été promu à la Coordination nationale du renseignement et de la lutte contre le terrorisme et passait ses journées sous les lustres de l'hôtel de Marigny à trier les profils, cerner les imposteurs, décoder les signaux. En la matière, les messages du *serviteur* étaient lacunaires.

Aucune référence à Allah, aux mécréants ou aux enfants assassinés en Palestine. Pas de penchant suprémaciste.

Rien contre le grand capital. Pas un adjectif sur les juifs. Aucune mention d'une civilisation en péril. Pas plus de décadence du temps présent.

Il disait tuer pour les autres, mériter des mercis. Le propos, trop abstrait, sonnait faux. Bertrand Francine passait et repassait sa main gauche sur ses joues fatiguées qui, malgré le rasage matinal, crissaient sous ce mouvement de va-et-vient pensif. Ces revendications étaient trop imprécises pour que l'on puisse leur faire confiance. Ce type – ça sentait la testostérone, ça, Bertrand le savait – ne suivait pas les routes habituelles. Il s'écartait des voies balisées.

Bertrand descendait son café lentement, trempait ses lèvres plus qu'il ne buvait, chaque lampée stimulant sa réflexion en mouvement. Il se concentrait et scannait l'hypothèse islamiste.

Dans les cas les plus fréquents : des intellos frustrés, moyens en tout. Des cerveaux sur pattes maladroites qui ne s'exprimaient pas trop mal et maîtrisaient la bureautique. Ils en voulaient à la France mais manquaient de sens pratique. Ils parlaient fort, écrivaient longuement, posaient trop de questions. À l'ère de la surveillance automatisée et des algorithmes, ils étaient sa bénédiction. Leur effervescence interne suffisait à les faire imploser. Les réseaux sociaux étaient devenus des détecteurs en *open access* et les adresses IP remontaient. On organisait les descentes chez des parents qui, une fois sur deux, n'avaient rien vu venir. On les coffrait et le pays n'en entendrait jamais plus parler. Très peu passaient entre les mailles du filet : c'était là la gloire de Bertrand depuis qu'il avait restructuré le département d'intelligence informatique.

De l'autre côté du spectre, on trouvait quelques délinquants en fin de parcours. Les traques étaient alambiquées. On les repérait en prison, puis on les mettait sur écoute. Ces gars-là manquaient de mots, tablaient sur les muscles et pariaient sur leur compréhension immédiate des situations critiques. Ils savaient manier les armes et l'argent sale, avaient appris à se taire pour exister. Pas le genre d'oiseaux à parader sur X, ni à s'essayer à la poésie.

Le tableau avait toujours été binaire : explosion inoffensive de phrases à rallonge contre dangereuse absence de vocabulaire. Deux options pour l'instant hors-cadre.

Bertrand tournait sans discontinuer la touillette dans le noir du café. Restaient les pistes du psychopathe ou du crime passionnel. Au vu de la grammaire utilisée, c'était envisageable. Ce genre de meurtriers pouvait manier l'éloquence, bien que la sémantique ne concordât pas : *la guerre, les mercis, les pêcheurs du dimanche*. Tout cela flirtait trop avec la politique quand les tueurs en série et les amants éconduits restaient obnubilés par le déplaisir personnel. Le *serviteur* usait de grands mots, convoquait le collectif, conjuguait la terreur au pluriel. Il soupesait trop ses sentences pour servir une cause générique. Un objectif précis animait le maniaque. Cette conviction n'était qu'une intuition de super flic et, en quarante années de carrière, le commissaire général avait appris à se méfier des premiers élans. La complaisance était son meilleur ennemi. Car pour que rien ne changeât vraiment, il fallait que tout changeât tout le temps à la marge. On le payait pour être à l'affût de ce genre de basculements.

Bertrand chaussa ses lunettes. Elles lui donnaient un air docte, presque universitaire. Les deux cercles noirs entourant ses verres progressifs étaient en parfaite symbiose avec la forme arrondie de son crâne dégarni. La popularité du *serviteur* se concentrait sur un hashtag, *#décapitation.* Dictionnaires et encyclopédies avaient toujours quelque chose à dire sur l'incertitude du monde : Bertrand consulta la bibliothèque en merisier, pour en sortir une dizaine de volumes qu'il se mit à feuilleter.

Décapitation.

Même s'ils concentraient toute l'attention de ses services, les ayatollahs made in France n'avaient pas le monopole du mot. La décapitation avait été un geste maintes fois fondateur et, pour tout dire, historiquement républicain. Le *serviteur* pouvait très bien se réclamer de Robespierre. Ses deux posts, à l'évidence, flattaient la conscience collective et répondaient à une attente. Depuis six mois, on retrouvait la tête du Président en carton-pâte empalée sur des piquets, place de la Bastille : les manifestations contre la vie chère et le mépris se multipliaient. On y chantait sous les fumigènes, l'Élysée répondait avec du gaz lacrymogène et des charges frontales. L'État avait crevé quelques yeux malchanceux et fustigeait la radicalisation d'une minorité suractive. L'hypothèse d'une colère athée était crédible. Un gauchiste au bout du rouleau, c'était plausible.

Reste qu'à quelques fautes d'orthographe près et avec une tonalité plus caricaturale, ces messages seraient restés englués dans la fange du Web sans remonter jusqu'à lui. De menus détails lexicaux les avaient extirpés de la masse, le conduisant à être maintenant chargé du débusquage. La langue avait fait son office, transformant deux crimes hypothétiques en proposition politique.

Tous ces détails, entre obéissance aux règles de grammaire et choix précis de syntaxe, ne devaient rien au hasard. L'arbitraire n'existait pas dans son métier. Il n'y avait que des causes, des conséquences, des responsables, puis un coupable. Dans moins d'une heure, la cellule informatique allait identifier une adresse IP. Les renseignements généraux prendraient le relais. Avec une bonne collaboration des services, le mariole se retrouverait en préventive en fin de journée.

***

À demi réveillée, Coralie hésitait : miel d'acacia ou confiture de fraises ? La chaleur émanant des deux tranches de pain brun à la sortie du toaster faisait fondre la longue traînée de beurre qui imbibait leur surface croquante. Ne manquait plus que la couche de sucré pour entamer le petit déjeuner.

Une fois de plus, Coralie se retrouvait seule dans leur cuisine défraîchie. Seule face aux doutes du vendredi. Miel ou confiture, Tibor ou Julien. Elle ne savait jamais comment démarrer cette journée sans programme clair, prise entre le début du week-end et la fin de la semaine. Sa gorge enrouée l'incita à plonger sa cuillère dans le pot de miel pour y mouvoir avec délicatesse la matière plane et dorée. Elle en voulait fort à Tibor.

Il avait encore déguerpi aux aurores sans un au revoir. Coralie s'était habituée à ces échappées chroniques mais rien n'allait plus. Même quand l'agence d'intérim ne requérait pas ses services pour une mission de nuit, Tibor se levait souvent pour faire un footing solitaire. Sous la lumière de la lune, il parcourait les alentours de Cléricourt avec sa lampe frontale. Son corps imprimait un tempo traversant à la ville, puis imposait son poids aux sentiers limitrophes menant à la forêt des Hauts-Plateaux. Pendant presque deux heures, la nuit lui appartenait. Ses jambes accéléraient et il retrouvait son souffle. L'horloge interne s'accommodait ainsi de la valse décalée des horaires industriels. C'était en tout cas en ces termes qu'il résumait ces escapades nocturnes à Coralie lorsqu'il revenait en sueur, prêt à s'endormir.

Il ne lui disait pas tout, elle le sentait. Il y avait, dans ses comptes rendus laconiques, quelque chose de méprisant. Et puis, il y avait ses récents accès de colère, les objets environnants transformés en défouloirs. Tibor la maintenait à l'écart : elle n'était plus de toutes les confidences. Elle n'imaginait pas une autre femme, encore moins un homme, mais il était fâché. Il se tendait, dur comme fer, et s'abîmait seul dans la nuit. Elle repensa au Grand Schtroumpf qu'elle avait laissé en évidence dans l'entrée, sur le buffet en chêne, et constata sa disparition. Tibor avait repris son porte-clefs. Elle ne put s'empêcher de considérer que la destruction des toilettes handicapés était une signature. Il leur fallait parler.

***

Hier soir, Tibor était rentré du 107 tout juste avant minuit, l'haleine chargée de whisky. En se glissant sous l'épaisseur de la couette, il avait d'abord tenté de la réveiller dans le noir, posant doucement son bras sur son ventre. Puis, il avait insisté avec de longues caresses sur le haut de ses fesses. Coralie avait senti, au rythme haché de sa respiration et à l'empressement dont il usait pour se faufiler entre ses reins, qu'il avait très envie. D'elle, d'amour, de sexe brut et générique. L'ambivalence des sentiments, les bizarreries refoulées, le temps qui passait, la mécanique des fluides : toutes ces distinctions schématiques cohabitaient dans un trouble confus. De cela, elle ne lui tenait pas rigueur.

Coralie accompagnait aussi ce glissement, somme toute banal. Elle n'était pas au-dessus de la mêlée et avait de son côté passé une frontière interdite. Mais elle ne se résolvait pour autant pas à assister à ce délitement sans rien dire. Il devenait urgent d'aborder ce déphasage qui s'installait. Jusqu'ici, ils n'avaient jamais usé de grandes phrases dans leur romance. Nul besoin de nommer ce qui les avait unis. Mais les mots arrivaient trop tard. Ils ne feraient que blesser et seraient forcément injustes. *Égoïsme, attentisme, passivité, paresse, médiocrité, fatalité, lassitude* : rien ne convenait. Et, désormais, il eût fallu ajouter : *colère, infidélité.*

Coralie garda les yeux fermés et se laissa faire, paupières closes. Son envie à elle arriva sans exclamation, alors que Tibor était déjà amplement plongé en elle. Il allait et venait trop vite pour qu'elle puisse espérer le rejoindre. L'excès d'excitation et l'empressement rendirent Tibor insensible aux pulsations qui commençaient à la faire frémir, l'empêchant de se raccrocher à son rythme ralenti, pourtant prêt à s'emballer. Elle savait qu'ils ne seraient pas synchrones et s'ouvrit assez, le laissant accélérer jusqu'à ce qu'il finisse avec une animosité qu'elle ne reconnut pas. L'impression, désagréable et brutale, ne dura que quelques secondes : les palpitations ralentirent et il se retira en sombrant dans un sommeil vaporeux.

Coralie restait concentrée sur son début de montée avorté. Julien s'était déjà montré particulièrement négligent, il lui fallait expurger le trop-plein et le vide, chasser les pensées parasites. Elle saisit d'une main pleine et déterminée l'entrejambe gonflé de Tibor qu'elle serra fort, profitant de l'inertie de l'afflux sanguin et de l'irrigation des corps caverneux pour reprendre le contrôle. Dans le même mouvement, elle se caressa avec une efficacité insoupçonnée. Au contraire des premières fois où ces fins de parties solitaires la gênaient quelque peu, elle n'eut aucune peine à jouir en interrompant le silence de la nuit et le sommeil de Tibor avec un contentement revanchard.

Entre eux deux, le plaisir vibrait encore mais il ne comblait plus que des attentes imprécises. Coralie réalisait, sans être tout à fait prête à l'accepter, qu'une part insondable de Tibor lui était devenue inaccessible. Et que cette perte était définitive. Julien n'avait été qu'un produit des circonstances, un mauvais caillou sur la route, qui lui rappelait ce matin que Tibor s'éloignait.

Coralie sirota sa tasse de café en traînassant. Il était froid mais cela ne la dérangeait pas. La lenteur constituait une forme de réassurance, une manière bien à elle de maîtriser le tempo en retardant les face-à-face. Ce qui, depuis l'extérieur, pouvait ressembler à de l'indécision ou à une manière de renoncer n'était qu'une longue préparation à l'affrontement. Car, à la fin, il n'y avait pas d'accommodement.

Elle beurra une troisième tartine qu'elle garnit cette fois-ci d'un rouge fraise épais. Dans vingt minutes, elle ouvrirait les portes de Flora-Tristan en compagnie de Christine et Julien.

***

Cléricourt.

Bertrand Francine épluchait les particularités de la localité sur le Web. Une petite ville sans grande histoire. Une église, trois boulangeries, une pâtisserie fine, un marché le samedi matin. C'était donc là que le petit malin s'était inscrit sur X.

Trente années passées à traquer les complots et à étouffer la dissidence, Bertrand Francine en avait tiré une conclusion simple : l'ennui était le moteur de la terreur. Il était son socle, le dénominateur commun. Il ne suffisait évidemment pas pour que jaillisse le feu – tout le monde s'emmerdait plus ou moins –, mais il était cet élément récurrent, l'ingrédient nécessaire. Peu importaient les extrêmes, gauche ou droite, les dogmes tombés du ciel ou le détraquement des libidos. Les grandes causes n'étaient que de chatoyants apparats destinés à recouvrir le même vide intérieur.

L'ordinateur sur lequel le compte X avait été créé avait été géolocalisé dans ce qui semblait être une médiathèque : *mercredi, quatorze heures douze, dix-sept minutes de connexion.*

Les nouveaux termes de la collaboration entre l'État et X portaient leurs fruits et Bertrand Francine s'en réjouissait : le commissaire général avait depuis longtemps pris le pas sur le citoyen Francine. Les concessions de la multinationale sur la protection des données privées facilitaient le travail de son équipe et valaient bien l'arrangement fiscal obtenu en retour. Bientôt, on saurait tout. Bertrand commanda à Françoise un second café, serré et sans sucre. Dans le ton enjoué de la commande, elle reconnut l'excitation précédant le dénouement d'une affaire en cours. Il était en avance sur le temps imparti par Mandrin.

Bertrand Francine lança les premières demandes de renseignement en se limitant à l'échelon départemental, mieux dimensionné. Les chiffres tombaient au fur et à mesure : quatre signalements pour radicalisation et deux fichages inquiétants, un imam surveillé comme le lait sur le feu, une communauté hippie en bordure de forêt, le trafic habituel dans les halls d'une dizaine d'immeubles avec trois réseaux dans le collimateur, six pédocriminels sous bracelets électroniques, deux meurtres non élucidés au cours des dix dernières années, un violeur en série non identifié par cinq plaignantes décrivant le même mode opératoire, une petite bande fascistoïde qui avait profané les tombes de cinq tirailleurs algériens, six cent seize accidents de la route pour trente-cinq tués pour l'année en cours, deux féminicides, douze suicides. Rien d'anormal.

Tant qu'une unité spécialisée n'irait pas visiter la médiathèque, il n'aurait pas plus de biscuits pour sa note d'ambiance. Il fit défiler quelques images sur son écran ; il s'agissait d'un bâtiment situé dans une rue piétonne, une structure bourgeoise en pierres de taille avec un ravalement à l'enduit béton orange vif. Cette excroissance postmoderne dans une petite ville de province répondait au nom de Flora-Tristan.

Bertrand parcourut la grande encyclopédie historique : *Flora Tristan,* voyageuse mystique au socialisme charismatique. Morte à quarante et un ans en laissant quelques ouvrages derrière elle. Dont une saga en deux tomes qui avaient, semblait-il, traversé les époques : *Pérégrinations d'une paria.*

***

Farida sonna au 728 des Peupliers ; les petits pas maladroits de Samia se dirigèrent immédiatement vers la porte. Alassane la gardait une matinée sur deux depuis trois mois, dans le F2 familial qu'il occupait depuis que ses parents étaient partis finir leur vie à Rabah.

Trois mois que Farida et Alassane avaient réussi à organiser un voisinage acceptable. Ce nouveau système de garde la soulageait et Alassane se découvrait papa. La petite Samia effacerait bientôt de sa mémoire ses deux premières années. Alors, s'il inversait vraiment le cours des choses, peut-être que la négligence et les absences du début n'importeraient un jour plus. Farida lui avait pardonné, mais elle n'oubliait pas – le soir où, défoncé, Alassane l'avait giflée.

Farida s'était entichée au lycée du play-boy à la peau hâlée et au sourire charmeur. Alassane était connu pour échanger, sous le préau du lycée Voltaire, des baisers cinématographiques avec un petit groupe de blondes à jambes fuselées : Émilie, Lila, Marie-Paule, Esther, Aline, Amélia. Elles venaient toutes du centre-ville et attisaient les convoitises masculines. Alassane virevoltait. Les couples duraient trois ou quatre semaines, parfois quelques mois. Cela suffisait à bâtir des carrières désirables et à tailler des réputations gravées au Tipp-Ex sur des trousses en toile synthétique. Jamais Farida ne s'était rêvée digne de succéder à tant de popularité.

Quand elle entra en seconde, Alassane redoublait sa terminale. Chaque jour, elle pouvait l'observer depuis le fond du bus qui reliait le Bois-Vert à Voltaire. Il ne la voyait pas, regardait ailleurs, animé par une confiance indéfectible en l'avenir. La vie était généreuse.

Et puis, la dynamique s'inversa. Alassane n'obtint pas le baccalauréat dont il se foutait et Cléricourt se mit à rétrécir. Le Bois-Vert devint son terrain de jeu principal, il y sculptait son corps en prévision des emmerdes qui ne tarderaient pas à lui tomber dessus. Les formes de Farida s'affirmaient et il finit par remarquer ses allées et venues de plus en plus espacées.

Après le bac, elle passa deux années en internat à Pelleport pour préparer un brevet de technicienne supérieure en comptabilité et gestion. Elle partait la semaine, repassait le week-end. Chaque fois, il la trouvait changée en mieux. Rien de spectaculaire, rien qu'il eût su décrire avec précision. Mais quand elle revenait, Alassane était là, posté au même endroit. L'étoile noire du lycée était devenue le voisin du week-end qui, cela devenait évident, l'attendait. La suite, Farida ne voulait plus en parler. Elle préférait garder en mémoire les souvenirs du temps où leur rencontre avait été une promesse. Car après, tout alla trop fort. Et les torts n'étaient en rien partagés : Alassane s'était, malgré la générosité du cœur, salement comporté.

Dans l'embrasure de la porte, il l'accueillit avec un sourire : Samia avait mangé toute sa purée de pommes de terre. Elle avait même réclamé une seconde plâtée. Ils avaient joué sur la tablette, pas plus d'une demi-heure, passé le reste de la matinée au parc. Farida le remercia en y mettant les formes : elle n'aimait pas ces moments de transition. Il redoublait d'efforts, s'était même mis à porter des jeans et des chemises. Deux années de prison en pleine grossesse avaient fini par achever le possible. Et depuis qu'Alassane s'affichait musulman, le reliquat de mystère entourant sa personnalité s'était évaporé. Il se découvrait des principes, rigides et rudimentaires, et radotait.

Avant de s'endormir, Farida feuilletait chaque soir son Coran de poche écorné, sous le réconfort de sa lampe de chevet. Quinze années d'un rituel qui éclairait les cas de conscience en arabe littéraire et atténuait les peines. Alors les soudaines leçons de morale d'Alassane ne passaient pas. Il avait un chemin à emprunter qu'il n'avait pas encore trouvé. Son souci principal était que Samia y occupe une place centrale, qu'elle soit un horizon. Farida le savait capable et l'aimait encore au plus profond, mais à distance permanente. C'était ancré et elle s'efforçait d'abréger les contacts prolongés. Alassane étendait les au revoir, tentait des approches maladroites, mais après lui avoir longtemps accordé le bénéfice des excuses de circonstance, Farida manquait de temps. Elle déciderait de tout et il y avait très peu de chances pour que cela change.

***

Stupéfaite, Coralie écoutait les policiers. Oui, bien sûr, elle était prête à collaborer. Il fallait commencer par vider les lieux. Elle s'excusa auprès des sept personnes installées dans la salle de lecture et imprima la feuille qu'elle s'apprêtait à coller sur les portes vitrées de l'entrée qui seraient bientôt closes : *La médiathèque est exceptionnellement fermée cet après-midi. Avec tous nos regrets pour la gêne occasionnée.*

Quelque chose de grave s'était passé à Flora-Tristan. Si les policiers ne jouaient pas la carte de la transparence, il n'y avait aucun doute sur le sérieux de leurs intentions : un grand camion, la police scientifique, un technicien informatique, un gros commissaire divisionnaire à moustache.

L'affaire remontait à mercredi : un déséquilibré s'était connecté sur l'un des ordinateurs du premier étage et y avait posté des insanités. Des propos terribles, laissant croire à au moins trois meurtres.

Le commissaire l'interrogea longuement sur le déroulement du mercredi après-midi et la fréquentation du lieu. Coralie ne fut pas d'une très grande aide. Elle considérait ses usagers comme des esprits curieux à orienter vers des bouquins pouvant changer leur destin. Elle tenait un improbable pouvoir de médium entre les mains, alors peu lui importait de savoir si les abonnés cachaient des amants, des maris, des femmes, des parents ou des fous : sa curiosité portait sur le goût des mots et les envies d'ailleurs. Alors un criminel, elle n'imaginait pas. On ne tuait que dans les livres et dans les séries du mercredi.

Christine et Julien n'étaient pas plus précis. C'était la pire journée de l'année pour se souvenir. Débordés, ils avaient travaillé sans pause dans un lieu noir de monde. Ils n'avaient pas grand-chose à dire de plus. Le commissaire Lavezzi s'accrochait, tentait de faire revenir la mémoire, de convoquer les intuitions, de ferrer un détail. Julien, Coralie et Christine se retrouvaient débordés par la peur écolière d'avoir mal fait ce jour-là. Coralie avait dit l'essentiel, Christine ne faisait qu'approuver et Julien répétait : rien vu de suspect, rien entendu de bizarre. Cette irruption spectaculaire dans leur vendredi tombait tout de même à point. Le jeudi était parti à la poubelle. On en revenait à mercredi et aux jours d'avant. Julien et Coralie pouvaient presque y croire : hier n'avait peut-être pas existé.

Le commissaire était déçu. Ils le comprirent à l'expression contrariée de son visage bourru. Les questions suivantes portèrent sur les modes d'identification possibles en cette journée anormalement occupée. Paul Lavezzi triturait sa moustache, notait en vrac leurs réponses entremêlées : au moins deux cents personnes ; pas que des habitués ; des visages inconnus ; vingt-six nouveaux inscrits dont Coralie pouvait retrouver les noms sur son ordinateur ; une délégation en provenance du Centre d'animation Aimé-Césaire dans le quartier du Bois-Vert (contacter Kader Belkacem, le directeur, qui disposait d'une liste) ; des ordinateurs en libre-service ; aucune caméra de surveillance ; pas de vol à signaler. Un incident avait tout de même interpellé Julien et il prit plaisir à le détailler : une dégradation inhabituelle au rez-de-chaussée dans les toilettes pour handicapés, constatée par la société de nettoyage.

Coralie tiqua. Elle observa Julien s'employer à plaire au commissaire en parlant de la violence des coups assénés sur le miroir. Il y avait quelque chose de veule et d'inabouti dans sa manière de s'attarder sur les faits comme dans le choix de ses mots. Julien faisait toujours beaucoup avec peu. Elle pensa à Tibor, à la Golf et au Grand Schtroumpf, au 45, rue des Roseraies et décida que l'inspecteur à moustache, comme ses collègues, en savaient bien assez.

Il y avait certes eu beaucoup de gamins ce jour-là, mais Paul Lavezzi n'allait pas voyager très loin avec ces trois témoins. Il termina par une prise d'empreintes qui leur fit comprendre qu'ils n'étaient plus tout à fait chez eux : la police définissait désormais le périmètre du règlement intérieur et, jusqu'à preuve du contraire, tout le monde était potentiellement coupable. Julien, en voulant détendre une atmosphère qui se raidissait, exagéra le trait sur un ton moqueur en incriminant Christine : on la voyait tout de même bien souvent taper sur les ordinateurs. Affolée, la vieille archiviste sortit de son silence pour étaler son mercredi, principalement organisé autour de l'atelier contes scandinaves. Il y était question de neige, de fjords, de traîneaux, de pâturages. Trois semaines de préparation et une commande de quatorze ouvrages qu'elle s'évertua à lister par coût décroissant. Elle n'avait rien à cacher et pouvait le prouver. Lavezzi l'arrêta net, agacé de devoir stopper une défense qu'il n'avait pas convoquée. Christine rougit, Julien sourit.

Lavezzi leur donna à lire les messages du serviteur et leur surprise sembla les innocenter. Il leur rappela qu'ils l'avaient forcément croisé et que chaque détail comptait. La police scientifique passait l'alcôve informatique au crible de sa technologie : relevés d'empreintes, prélèvements de cheveux et de poils, lampe *polilight* à fluorescence légère, test de Phadebas à base d'amylase, chimiluminescence avec torches *blue light*, éclairage d'excitation de faible longueur d'onde, usage réactif de para-diméthyl-amino-cinnamaldéhyde. Les tests d'orientations n'apportaient rien de concluant : pas de salive, pas d'urine, pas de sang. Ils passeraient bientôt les toilettes au crible. L'équipe technique isola l'ordinateur dont il allait falloir analyser les données. Il s'agissait du poste huit, dont il fut aussi constaté qu'il était débranché.

Coralie fournit à Paul Lavezzi les quelques informations promises, à savoir les noms des vingt-six nouveaux, dont l'inscription certifiait leur présence le jour où les faits s'étaient déroulés : Tran, Bouida, Göle (Ayda, Belin et Eda), Ben Kedder (Yasmina et Zora), Bassoud (Mohamed et Youssouf), Garibian, Cissokho, Sissoko (Moussa et Mamadou), Ben Mabrouk, Fusain (Estelle et Laura), Issa, Brunet, Ylmaz, Demir, Hosseini, Moradi, Hussein (Mohktar et Farid), Berrada, Sok.

Et puis, ça lui était revenu, il y avait cette jeune maman qui utilisait souvent les postes informatiques et qui empruntait des livres pour enfants. Elle disposait d'une fiche de renseignements : Farida Bayram.

***

Avenue de Marigny, dix-neuf heures. Françoise était partie depuis près d'une heure et ce n'était pas plus mal. Bertrand Francine avait trop tiré sur le café.

Les nouvelles de Cléricourt n'étaient pas bonnes : les suspects se comptaient par centaines. La faute à la descente d'un quartier entier dans la médiathèque. De nombreuses empreintes digitales prélevées avec deux jours de retard sur l'ordinateur incriminé. Rien qui ressortait du fichier centralisé. Il faudrait prévoir des moyens supplémentaires. Bertrand Francine se mit à tapoter, moins pour aboutir à une note exploitable que pour mettre en ordre le peu d'éléments dont il disposait. Une annonce du commissariat de Pelleport, tombée en milieu d'après-midi, l'inquiétait particulièrement : trois étudiantes en droit, déclarées disparues par leurs parents. Elles avaient manqué les cours du jeudi et du vendredi, partageaient un appartement dans la résidence universitaire du Nord de la ville, manifestement vide. Personne ne les avait vues depuis trois jours et leurs portables étaient sur répondeur.

Trente-trois kilomètres entre Pelleport et Cléricourt, une distance inquiétante. Et puis, il y avait ce troisième post, envoyé à seize heures douze.

Je l'ai encore fait.

Nous l'avons encore fait.

Nous décapitons.
Plus de têtes.
Plus de sang.
Pour vous servir.

La guerre est là.
Nous sommes vos soldats.

#décapitation

178 000 abonnés.

La rhétorique s'affinait. Bertrand Francine essayait d'entrer dans la langue du *serviteur*, de pénétrer son esprit dérangé qui prétendait désormais perpétrer le carnage au nom d'un collectif.

Nous sommes vos soldats.

Cette phrase sonnait comme une révélation. Elle avait enflammé la Toile et compliquait le chemin. *Je, nous* : le changement de pronom n'annonçait rien de bon.

Samedi

La matinée était bien engagée, Tibor reprenait pied. Les pointes de dégoût ne l'empêchaient plus de succomber à un vague sentiment de supériorité. Il écoutait Coralie commenter les informations qui tournaient en boucle à la radio. Elle pensait disposer d'un coup d'avance sur les faits relatés. Ce n'était pas faux.

Coralie ne s'en remettait pas que Flora-Tristan ait pu accueillir le suspect dont on parlait ce matin sur les ondes. Elle revisitait la folle journée.

Comme à son habitude, elle prenait son temps, ressassait à voix haute : il y avait eu tellement de personnes, si peu de visages familiers. Cette affaire de *serviteur* supplantait en tout cas l'embarras qui s'était installé entre eux et leur offrait un répit improbable. Coralie pouvait laisser reposer la mélasse du vendredi en sondant Tibor. Il était passé, avait senti l'odeur de la foule. Il avait forcément une opinion. Coralie lui soumit ses petites hypothèses, il l'inonda avec de grandes questions. Il aimait ces joutes, elle aimait sa façon de procéder.

À quoi ça ressemblait, un bourreau ? Cela avait été la question du dernier siècle, ils en convenaient. Deux guerres mondiales, des génocides sur presque tous les continents, Israël et la Palestine ; rien de tout cela n'avait suffi à y voir clair. Partout, une victime pouvait se muer en tortionnaire. Ils avaient trop lu pour feindre l'ignorance. Les gens se détraquaient, cela arrivait. Les cœurs à vif leur fabriquaient de bonnes raisons. Tibor n'avait pas tort : chacun pouvait abattre son prochain. Alors pourquoi pas à Cléricourt ?

Coralie le prit à témoin en scrollant sur le compte X du *serviteur* : messages, commentaires, *likes*, un demi-million d'abonnés. Du grand n'importe quoi en *live*. On ne voyait pas bien ce qui tournait dans sa tête, mais, derrière le mystère, suintait une détermination évidente. Entre la tonalité des mots et l'agencement des phrases, la sainte colère.

Tibor l'écoutait dérouler ses suspicions en surplombant la situation d'une hauteur que lui seul pouvait mesurer. Elle racontait : la police scientifique, le gros inspecteur à moustache, les scellés sur le poste huit, l'attention des enquêteurs aux moindres détails. Restait le Grand Schtroumpf. Coralie devait le confronter, sonder ce fond d'explosion larvée qui affleurait.

Tibor était pris de court ; ils avaient déjà localisé Cléricourt. Hier après-midi, il se délectait encore des réactions suscitées par son troisième message, de l'abondance de notifications sur son écran. Il montait, descendait, remontait, redescendait, passant outre les posts à l'orthographe douteuse, s'interdisant de répondre. Il flottait, anonyme et maître du jeu. Tibor avait beau se charger de la sale besogne, il planait au-dessus de ses *followers* qui croyaient le suivre en toute liberté alors qu'ils s'étaient constitués prisonniers. Enfermés dans des conceptions étriquées qui circonscrivaient leurs commentaires au périmètre des préjugés personnels. Pris par la direction qu'il imprimerait à la suite.

Tant de rage, si peu de lucidité, aucune compassion.

Tous ces messages gonflés de certitudes rendaient la honte qui taraudait Tibor et ses compagnons très relative. Elle pesait désormais moins lourd que le dédain que lui inspirait la bile qui se déversait sur X. Tibor irait jusqu'au bout et ils accompliraient leur mission. Avec ses camarades, ils continueraient à rendre service. Pas de guerre possible sans armée de réserve. *Le serviteur* opérait à plusieurs, l'évidence secouait le pays. Tibor n'était qu'une pointe émergée.

Si on mourait seul, il le savait mieux que quiconque, on ne pouvait pas tuer à leur manière, brutale et discrète, sans intelligence collective. Habib lui avait tout appris. Franck savait donner le coup de grâce en cas de défaillance. Sarah avait les mots pour passer à autre chose.

Tibor entendait Coralie s'interroger, accueillait sa bonne volonté. Elle aussi voulait comprendre. Quelques mots bien placés suffirent à la relancer. Il la questionna sur la police et elle oublia momentanément le miroir des toilettes, happée par ce regain d'intérêt qui décupla son désir d'exhumer les bribes de souvenir traînant encore dans sa mémoire.

Mais tout sonna vite faux : ses relances à lui, trop appuyées, ses descriptions à elles, inutilement longues. Tandis que Coralie tentait de combler le fossé creusé par son vendredi après-midi, Tibor s'informait en entretenant une conversation qui lui permettait de repousser plus loin ses nuits passées à l'extérieur. Coralie n'avait pas besoin de connaître certains détails, remisés au placard des expériences dispensables. Jamais *le serviteur* ne définirait leur situation. Et puis, la police était encore à distance raisonnable. Flora-Tristan n'était qu'un point d'émission, un hasard de la géographie.

Tibor avait retiré la puce de son portable au réveil. Il aspirait à la déconnexion et profiterait du week-end pour assister au spectacle en touriste. Lundi seulement, il réévaluerait les choses là où il les avait laissées. Dans l'immédiat, il avait promis à Coralie des crêpes pour fêter le samedi matin. Le soleil tapait sur le toit de la véranda qui jouxtait la cuisine, l'incitant à tenir parole.

Tandis que Coralie continuait d'enfiler les suppositions dans le salon, il déposa une première noisette de beurre vite bruni sur la surface plane de la poêle. Il s'appliqua à étaler la pâte en cercles concentriques sur le téfal, puis fit sauter les galettes à mi-parcours en surveillant l'intensité de la chaleur. La répétition de l'opération le maintenait à une distance confortable du bruit ambiant. Il laisserait Coralie et les journalistes parler à sa place. La radio crachait du débat, invitait les experts. Comme chaque jour, elle informait.

Un psychologue de la Sorbonne ou de la Pitié-Salpêtrière – Tibor n'avait pas bien entendu – parlait de toute-puissance, d'actes manqués, de pensée magique : le *serviteur* et sa bande croyaient que dire, c'était tuer. L'enchaînement des posts sur X était la négation même du passage à l'acte, selon lui tout à fait improbable. Il s'agissait d'un fantasme collectif, d'un délire onirique.

La température du feu montait et Tibor prenait bien soin de laisser dorer les galettes.

Un criminologue spécialisé dans le *security consulting* penchait lui pour la piste terroriste : la psychologie accusatrice et narcissique du *serviteur* était confondante. Tibor soupira. Entre chaque galette, une nouvelle noisette de beurre qui faciliterait le décollement et garantirait une texture au mouillé gourmet.

Le procureur de la République rassurait : les services de la Direction générale de la sécurité intérieure prenaient la menace au sérieux. L'administration avait fait le tour des personnes portées disparues, surveillait les individus fichés. Ils avaient déjoué plus d'une vingtaine d'attentats lors des trois dernières années et n'écartaient aucune piste. Le groupuscule du *serviteur* amorçait peut-être un basculement ; après les tueries de masse, le feuilletonnage d'exécutions sommaires pouvait amorcer une manière inédite de semer la terreur. Un point officiel serait établi en fin de journée.

On arrivait à la fin du saladier, Tibor raclait ses bords pour tenter d'en sortir une dernière galette. La maryse pâtissière, reine siliconée de toutes les spatules, assurait le job.

Un élu d'extrême droite en appelait au sursaut national en attaquant le laxisme des autorités : le *serviteur* insultait la France et les fous de Dieu revendiqueraient bientôt les décapitations avec leurs mains musulmanes. La neuvième et dernière galette se dessinait, informe. *Splash* sur une moitié de poêle grésillante.

Un sémiologue basé à Stanford concluait l'édition spéciale en analysant la structure des trois posts. Il insistait sur la brièveté d'un registre affirmatif à visée descriptive : ces posts revendiquaient des actions sans intention ni contexte, ce qui illustrait sa théorie de l'inversion postdigitale. Il n'y avait plus de message, plus de médium, rien que des mises en scène. Et avec la disparition subséquente du signifiant et du signifié, ne restaient que la mort et la masse consommatrice, contemplative de sa propre finitude. Le fait même qu'on l'invite, au beau milieu de sa nuit américaine, à parler aux heures françaises du petit déjeuner, prouvait ses dires : il n'y avait ni frontières ni fondation au royaume de l'*entertainment*. Subsistaient ces décapitations. Et la publication de son dernier essai.

Personne n'avait mentionné Cléricourt. La police semblait avoir réussi à préserver le secret de l'enquête. Coralie profitait de la primeur en imaginant un scénario local, un mélodrame familial dans un village du coin, avec deux ou trois tordus croisés à l'hypermarché. C'était tout à fait envisageable.

Les crêpes étaient prêtes et Coralie en finissait avec ses pensées investigatrices : elle avait aperçu le *serviteur* ; la probabilité, quasi certaine, était prodigieuse. Tibor arbora un rictus arrogant. L'ignorance de son importance était jouissive, il manipulait les manipulateurs et se jouait de Coralie qui n'aima pas l'ironie découlant de l'expression condescendante de son visage.

Après un court silence, Tibor lui servit les quatre crêpes annoncées, parfaitement pliées, façon triangle. Une opération répétée à l'identique dans son assiette : sucre citron vert ; miel d'acacia ; confiture de fraises ; banane Nutella. Coralie ne put réprimer un petit claquement de doigts ponctué par un *yes* joyeux et lumineux. Tibor restait, malgré l'affaissement des sentiments, encore empli de ses douces intentions culinaires. Il croqua à pleine bouche dans la crêpe citronnée en la regardant avec gourmandise. Trois jours qu'il picorait. À côté de leurs assiettes, deux grands cafés au lait crémeux. Il était dix heures passées, il faisait faim.

Ils venaient de faire l'amour sous la douche, après une entrée décidée de Coralie dans la moiteur de la cabine. Quelque chose, peut-être, allait repartir. Plaqué contre le froid du carrelage et enveloppé par une épaisse vapeur d'eau, Tibor s'était laissé prendre, de bas en haut. Happé par ses mains exploratrices, sa bouche en balade et le frétillement d'un corps ondoyant. Il s'abandonna aux ordres précis de Coralie qui, en s'accrochant aux parois en plexiglas, tentait d'oublier la veille et de prolonger leur nuit à demi avortée. Sous une chaude pluie intérieure assourdie par le bruit grinçant de la ventilation défectueuse, un surplus de douceur brute.

La nuit dernière, Tibor s'était effondré après l'enlacement maladroit de leurs corps. Pour la première fois depuis trois jours, il avait sombré. Tout juste avait-il entendu Coralie gémir après lui. Ces larges têtes chutant sur le sol n'étaient pas venues interrompre son sommeil. Leurs bouches entrouvertes, détachées d'un corps réduit en pièces, n'étaient pas réapparues lui cracher un dernier souffle ridicule à la gueule. Il avait réussi à fermer les yeux sans penser à ce qui l'attendrait au fond de l'entrepôt. Il s'était réveillé reposé, avec le goût salé de Coralie sur ses lèvres et une furieuse envie de crêpes.

***

Le soleil s'approchait du pic de midi. L'herbe était grasse et verte, les chrysanthèmes rouge pâle. Le jardin de Bertrand Francine fleurissait bien pour un mois de novembre, même si le commissaire général n'était pas en état de profiter de la végétation persistante. Il passait un samedi matin laborieux ; sa femme était partie pour le week-end. Elle avait fui les promenades en forêt avec leur chienne Nina et les cartons à déballer dans la dépendance qu'ils avaient, après quatre ans de travaux intermittents, enfin terminé d'aménager. On pouvait désormais s'y doucher, mais Justine était partie. Ça la prenait comme ça, une fois par mois environ. Un week-end entre copines. Loin des Hauts-de-Seine.

Bertrand soupçonnait l'existence d'un amant, bien qu'il n'eût aucune preuve. La jalousie lui était peu familière, il n'avait pas le cœur possessif. Justine rentrait rechargée. Alors si c'était un homme, il jouait aussi pour lui. Après trente années de mariage, il pouvait partager. À chaque retour, il prêtait pourtant une attention particulière aux premières minutes et tentait de percer les faux-semblants. Justine savait de toute façon donner le change et il cédait facilement aux historiettes qu'elle ramenait dans ses baskets. Soit, des virées entre copines.

Et puis, il commençait à apprécier ces week-ends en solo. Il pouvait laisser la vaisselle moisir, regarder du sport à plein volume, inviter un copain de promo à se taper un saucisson de pays entre deux verres de vin rouge. Mais ce samedi décevait : pas de compétition potable, aucun pote disponible et haro sur les produits du caviste, la faute à un cholestérol récalcitrant. Surtout, les chaînes d'information en continu enfonçaient le clou. On y était : le *serviteur* monopolisait l'attention.

Bertrand n'avait que cette petite ville avec sa médiathèque orange mécanique en ligne de mire. Puis le Maroc en flux secondaire.

À partir du deuxième message, on localisait le *serviteur* à Casablanca, dans un quartier qui ne cadrait pas avec ce que l'on savait des réseaux islamistes sous surveillance internationale. Bertrand Francine s'était résigné à travailler sur le dossier, l'esprit de corps primant le week-end. Mais avant de poursuivre, il devrait éponger les taches. Il venait de renverser la cafetière italienne, imprudemment disposée sur le rebord de la table basse. Du marc noir, dégueulant sur le nacre de la moquette du living-room. Les magazines de Justine avaient absorbé le liquide, elle rentrerait furieuse. L'ordinateur portable, imbibé, ne répondait plus. Ne lui restait qu'un mince dossier papier ramené du bureau. Mandrin avait déjà envoyé trois textos et réclamait des infos fraîches pour alimenter la presse. Il n'irait plus très loin, ici.

Bertrand disposait d'une piste en dur : Cléricourt. À deux heures de route. Il appela le commissaire divisionnaire de Pelleport qui coordonnait depuis la veille les inspecteurs détachés sur place. Un dénommé Paul Lavezzi, communément surnommé « Big Moustache », qui lui fit un point clair : aucune nouvelle des trois étudiantes ; une première salve d'interrogatoires à la médiathèque Flora-Tristan, puis une seconde salve, programmée dans l'après-midi dans le quartier du Bois-Vert. Bertrand le prévint de son arrivée : ils travailleraient en tandem. Il n'avait rien de mieux à faire et la menace terroriste était objectivement montée d'un cran.

***

Cinq cents grammes de pois chiches, trois aubergines, quatre courgettes, deux poivrons doux d'Algérie, de la coriandre, des figues séchées, trois kilos de pommes de terre, deux kilos de carottes, une grosse poignée d'olives vertes.

Le père Sifaoui chantonnait, anticipant la commande de Tibor qui avait annoncé la couleur : un tagine en mode aljazair pour demain. Avec son jeune client, il était peu question de pot-au-feu ou de blanquette de veau, mais plus souvent de ces plats chauds qui l'avaient bercé depuis la baie de Bejaïa. Tagine, berkoukes, chorba : ils échangeaient les recettes, comparaient leurs variantes. Sifaoui soignait le service, toujours agrémenté de suggestions précises : des clous de girofle, du gingembre et de vraies tomates sous serre espagnole plutôt qu'un concentré de supermarché.

La radio allumée sur les étals du fromager passait des spots d'informations entrecoupés par des tubes des années quatre-vingt-dix et quelques morceaux de variété urbaine moins faciles à fredonner. On y parlait d'un *serviteur* viral, mais personne n'écoutait. Sifaoui causait cumin et se remémorait les secrets d'assaisonnement de sa grand-mère préférée, Rym la farouche, la mère de sa mère. Tibor aurait voulu secouer Sifaoui, lui coller la tête dans les enceintes du fromager. Pour la toute première fois, les marques d'attention de l'Algérien lui apparurent comme de vulgaires tentatives de diversion. Les deux types dans la queue derrière lui n'étaient pas plus attentifs ; le petit gros au pull bleu marine ne jurait que par une critique systématique des fonctionnaires – des feignasses sans esprit d'entreprise – quand l'échalas en chemise blanche et à l'air vaguement intellectuel leur trouvait des circonstances atténuantes – ils occupaient après tout des boulots que peu étaient disposés à faire. Tibor les fusilla du regard. C'était le jour du *serviteur* et Cléricourt faisait la sourde oreille. Tant que l'ordre des apparences immédiates était préservé, on pourrait continuer à y tuer sous le calme de leurs fenêtres, à l'ombre des jardinières de géraniums.

***

Bertrand Francine et Paul Lavezzi se méfiaient de ce Kader Belkacem qui ne les prenait pas au sérieux.

Ils multipliaient les relances mais n'obtiendraient que le strict minimum avec ce géant aux cheveux gominés : sur papier imprimé, une liste des animateurs et des enfants ayant participé à la journée du mercredi. C'est tout ce que Kader avait officiellement en magasin. Quarante-six enfants âgés de sept à quinze ans, avec trois accompagnateurs et deux accompagnatrices, pas beaucoup plus âgés.

Le directeur du centre Aimé-Césaire se moquait des deux commissaires : ils en avaient tous les trois conscience. L'événement à la médiathèque avait été un franc succès et aucune inscription n'était requise. Un méchoui avait suivi dans le quartier : il en avait vu, du monde. Il était physionomiste, mais son métier consistait à fabriquer du lien : il ne décomptait pas. Le message était limpide : Kader Belkacem ne jouerait pas au flic pour les beaux yeux clairs du grand Francine et du gros Lavezzi.

Il n'aimait pas leurs manières de propriétaires. Ils étaient chez lui, assis devant son bureau par simple courtoisie protocolaire. Et lui aussi représentait la fonction publique. Les deux posters placardés dans son dos rendaient ses *lyrics* tout à fait explicites : Bob Marley et NTM n'avaient jamais joué aux bons élèves. Ils fumaient des spliffs et niquaient la police. Bertrand Francine et Paul Lavezzi patinaient. Les minauderies de ce gars-là faisaient entrave à l'enquête. Ils allaient le surveiller.

Sans surprise, les photos des trois étudiantes de Pelleport ne lui évoquaient rien. Cela ne durerait pas. La télévision venait de prendre le relais : elles avaient désormais un prénom, bientôt une identité. Depuis treize heures, Julia, Manon et Leïla tourmentaient la France.

***

Alassane n'attendait aucune visite et n'aima pas ce qu'il vit au travers de son judas : un gros gars moustachu avec un imperméable gris foncé accompagné d'un long type au crâne chauve en costume cintré bleu marine chaussant des lunettes rondes aux montures délicates. Le genre à venir aux nouvelles pour en donner de mauvaises.

Alassane les reçut sur son palier, répondant avec courtoisie aux questions sur le calendrier du mercredi. Deux ans de tôle lui avaient au moins appris une chose : prendre sur soi était la seule manière d'aménager la peine. Il déroula : lever à cinq heures pour la mosquée ; de huit heures jusqu'à midi avec Samia ; retour à la mosquée sur les coups de treize heures ; deux heures en salle à soulever de la fonte ; quelques courses à l'hypermarché ; mosquée vers dix-huit heures ; sa fille à partir de dix-neuf heures ; coucher de la petite ; télé pour terminer. Il ne s'était pas rendu au méchoui sur la dalle centrale, mais avait apprécié l'animation depuis le balcon.

Paul Lavezzi récapitulait les tranches horaires indiquées par Alassane Ben Mabrouk et testait la crédibilité de chaque assertion. Les incohérences d'un début d'enquête rapprochaient d'une possible résolution, mais jusqu'à présent, les propos de Ben Mabrouk tenaient la route. Depuis le pas de porte, Bertrand Francine examinait la disposition de l'appartement. Peu de meubles, deux corans en arabe et en français sur la table basse ; un narghilé ; trois tapis persans ; un écran plat ; une PlayStation. L'atelier du parfait candidat.

Alassane avait saupoudré son témoignage d'assez de noms et de lieux pour qu'ils puissent recouper ses dires. Ils lui rappelèrent les conséquences en cas de mensonge avéré. Alassane Ben Mabrouk jura sur Allah, ce qui, de l'avis des deux commissaires, ne valait pas grand-chose. Ils lui rappelèrent qu'il était fiché depuis ses tentatives erratiques de prosélytisme en prison. Oui, il se tenait à carreau. Non, il n'avait pas d'emploi stable, mais assurait des livraisons pour une filiale de La Poste. Non, il ne fréquentait pas la médiathèque du centre-ville. Oui, ses parents vivaient désormais au Maroc. Oui, bien sûr, ils pouvaient revenir. Sans avertir Alassane Ben Mabrouk ni même Paul Lavezzi, Bertrand Francine prit rendez-vous. Ils reviendraient demain.

***

Paul Lavezzi raffolait du thé à la menthe, surtout quand il était aussi sucré et qu'y baignait une belle poignée de menthe fraîche. Servi dans de délicats verres marocains, le liquide chaud glissait au fond de la gorge. Pour la première fois de la journée, Bertrand Francine était aux manettes. Paul Lavezzi observait son supérieur hiérarchique suivre en parallèle deux pistes qui se recoupaient peut-être : Alassane Ben Mabrouk et le poste huit de la médiathèque.

Bertrand commença par questionner leur hôtesse sur la nature de ses relations avec Ben Mabrouk. Passé un étonnement qu'elle ne sut réprimer, Farida Bayram évoqua le père de sa fille. Ce fut en ces termes, directs et distanciés, qu'elle le présenta aux deux commissaires scrutateurs, confortablement installés dans son nouveau canapé. Farida pouvait parler d'Alassane sans s'énerver : le passé était soldé. Ils la prièrent de continuer avec tact et elle eut presque envie de leur servir du pop-corn. Elle se lança ainsi, devant ces deux inconnus qui ne lui étaient pas si étrangers.

Aussi loin qu'elle s'en souvenait, Alassane avait toujours attiré la flicaille. Cela avait pu l'exciter au début, elle ne se souvenait plus bien. Puis, vivre sur le qui-vive avait commencé à la ronger de l'intérieur. Alassane ne lui disait rien, alors comme à peu près toutes les femmes dans sa position, elle en savait toujours trop ou pas assez. Dans l'esprit d'Alassane, le deal était *win-win* : il préservait son jardin secret en cachant ses coups tordus et Farida restait *clean*, en prévision du jour où il tomberait. Il arriva un soir de décembre, juste avant Noël.

Alassane prit deux années incompressibles et les visites au parloir tournèrent vite à la mission impossible. La colère le dévorait. Il frappait les parois étriquées, criait combien il se détestait et suppliait Farida de lui procurer ce qu'elle ne pouvait lui donner : un peu de liberté et des bourrasques de sexualité. Elle s'apprêtait à accoucher et la naissance de Samia clarifia la situation : il n'était pas avec elles, mieux valait en rester là. Elle insista pour ne pas couper les ponts, Samia n'était pas responsable de son père et de la situation dans laquelle ils s'étaient tous les deux enlisés. Les visites tournaient autour de la petite et ce fut désormais ainsi qu'elle envisageait leurs relations : régulières et à distance, entretenues par la joie de vivre de l'enfant. C'était tout et c'était beaucoup. Entouré d'un voile jaune, délicat et presque transparent, le visage de Farida s'assombrit. Bertrand Francine ne put réprimer un mouvement de lèvres opiniâtre : quelque chose cédait.

Farida ne souhaitait pas accabler Alassane, mais elle crut bon de préciser qu'elle n'approuvait pas ses récentes prises de position en matière religieuse, qu'elle trouvait hypocrites. Alassane ne pouvait pas l'entendre, mais elle pensait qu'il ne s'était pas encore abandonné à la foi véritable. Cela ne faisait pas pour autant de lui une mauvaise personne : il s'égarait, voilà tout. Une fois qu'il aurait pris le temps d'accepter ce qu'il avait perdu, sa monomanie cesserait. Elle en était convaincue.

Bertrand Francine écoutait avec le regard inquisiteur qu'il prenait quand il se concentrait et qui tranchait avec l'allure avenante affichée il y avait moins d'une demi-heure, lorsqu'ils s'étaient présentés à l'entrée du 233 des Cerisiers. Farida se referma : elle n'allait pas continuer à dénigrer Alassane et étaler leurs désaccords devant deux mecs qui n'entendaient rien à ses problèmes et à la vie du Prophète. Elle toussota et Paul Lavezzi remarqua que ce léger refrènement initiait un changement de ton et d'attitude.

Tout allait mieux avec Alassane : il prenait Samia chaque matinée et, depuis peu, la petite dormait chez lui les mercredis soir. Alassane avait son alibi. Il ne retomberait pas dans les embrouilles, si c'était cela qui les inquiétait. Farida l'assurait : il était *clean*. Il avait même arrêté les clopes.

Paul Lavezzi et Bertrand Francine se montrèrent faussement rassurants ; Farida se fit alors plus frontale, elle connaissait trop bien la chanson. Ces deux messieurs n'avaient pas débarqué chez elle un samedi matin pour manger des pancakes et déguster des makrouts, surtout le Parisien aux airs d'intello. Son ancien mari n'était pas un dangereux radicalisé. Juste un garçon paumé qui vieillissait en étant obligé d'accepter qu'il ne roulerait jamais sur l'or promis à ses parents. Alassane menait une vie des plus communes : tout le monde devait bien se mettre cela dans le crâne. Elle, lui, eux. Bertrand la remercia, déconcerté par son offensive, en l'assurant avoir apprécié sa franchise.

Cela commençait toujours ainsi : une vie tellement banale qu'elle en devenait insupportable.

Restait Flora-Tristan.

Alors Farida précisa : la médiathèque importait. Tous les livres dont avait besoin Samia y étaient disponibles. Cette profusion était une chance que Farida ne laisserait pas passer. Elle avait, sans doute trop tard, compris que les livres faisaient la différence. Il y avait les personnes qui en avaient et celles qui n'en avaient pas. Puis celles qui lisaient et celles qui ne lisaient pas. Le monde se divisait autour de ces quatre pôles qui ne se recoupaient pas toujours. À partir de là, les trajectoires étaient à peu près tracées. Si la petite Samia ne savait pas encore assembler des lettres pour trouver des mots, elle dévorait les albums sélectionnés par Coralie Bellevaux, la programmatrice. Farida venait à Flora-Tristan un matin sur deux, habituant sa fille aux ruelles du centre-ville. La petite se forgeait des souvenirs entourés de pierres blanches, riait devant ces façades qui suintaient l'histoire officielle et foulait des pavés sur lesquels les enfants du Bois-Vert ne savaient pas poser leurs pieds. Farida s'y employait : sa fille défierait les statistiques.

Elle profitait également de la médiathèque pour se connecter à Internet, faire un peu de bureautique et postuler des emplois qu'elle ne désespérait pas d'obtenir.

Bertrand n'apprenait rien de neuf ; il avait lu le rapport de la cellule informatique : à quatorze heures trente-neuf, soit vingt-sept minutes après les recherches autour du mot *décapitation* et l'envoi du premier message par le *serviteur*, le navigateur Internet du poste huit affichait la messagerie de Farida Bayram. Elle avait envoyé ce jour-là six CV, puis répété l'opération le vendredi matin, à plus grande échelle, sur le poste sept. Ce jour-là, le *serviteur* avait déjà été localisé à Casablanca. Bertrand savait aussi qu'elle s'était rendue, hier en fin de journée, à un entretien d'embauche dans une agence d'intérim. Et qu'elle n'avait pas encore ouvert ses mails où l'attendait une réponse positive.

Bertrand Francine insista et la mémoire de Farida continua à lui revenir : un garçon l'avait bien précédé sur le poste huit. Gentil, poli, la trentaine. Farida aurait pu ajouter adorable, mais elle s'abstint. Elle était encore allée plus loin que nécessaire et s'en voulait à nouveau. Elle avait déjà repéré Tibor, remarqué l'ondulation désordonnée de ses cheveux mi-longs qui accentuait son air mélancolique. Elle avait dû le croiser trois ou quatre fois à Flora-Tristan sans jamais lui adresser la parole. Et puis, la discussion impromptue lors du méchoui nocturne au Bois-Vert acheva de la convaincre ; ces deux premières rencontres en appelleraient d'autres. Elle l'imaginait prof de français ou d'histoire-géo. Elle se souvenait du frétillement entre leurs regards électrisés. Elle aurait pu divaguer, partir un peu loin, ce qu'elle aurait sans doute fait avec

Isa et Ouarda, les copines du bloc des Platanes. Mais en découvrant, à l'évocation de ce garçon dont elle ne connaissait même pas le nom, une lueur déplacée qui traversait les verres ronds de Bertrand Francine, elle se rappela à qui elle avait affaire. Farida se referma pour de bon, gardant ses pensées débridées à l'intérieur. Elle sourit et remplit à nouveau leur verre. Le thé était moins chaud mais plus fort ; Paul Lavezzi s'en délecta.

Non, elle ne se souvenait pas de son visage. Non, elle ne le reconnaîtrait pas. Oui, il s'agissait d'un type ordinaire ; un passe-partout comme on en croisait dans une médiathèque de centre-ville.

Bertrand Francine sentit le mauvais effluve. On ne la lui faisait pas comme ça. Il nota : Farida Bayram mentait joliment.

***

Le soleil déclinait, se fondant dans un rouge incandescent qui perçait le gris des nuages. Tibor gara la Golf en bas des Peupliers, éteignit ses phares, stoppa le moteur. Il s'apprêtait à rompre la promesse qu'il s'était faite. La déconnexion lui pesait. Il glissa la puce dans son téléphone qu'il alluma fissa. Les nouveaux commentaires avaient dépassé le millier. Son compte enflait, il était rassuré. Il s'accorda cinq minutes de surf qui devinrent un quart d'heure, perdu dans un flot qui prenait un tour inattendu.

L'armée recrute ? (@eldiablo7777)

Arrêtez ! #stopdecapitation (@monsieur_jean)

Save Julia, Manon et Leïla. #stopdecapitation (@franzia)

Où sont-elles ? #stopdecapitation (@claire_leduc)

Julia, Manon, Leïla, on vous aime (@clara_eauclaire)

Pray 4 Manon, Julia, Leïla. #stopdecapitation (@fuzzyfizz)

Julia, Manon et Leïla : amour et paix (@bob_levieux).

Depuis qu'un journaliste avait fait le lien entre le mystère du *serviteur* et l'affaire des disparues de Pelleport, les trois étudiantes squattaient sa page et disposaient d'un avantage inégalable : Julia, Manon et Leïla avaient un visage. Des clichés de vacances en bikini, des souvenirs piochés dans les albums de famille, des photos de promo prises lors de la soirée d'intégration organisée par le bureau étudiant de la fac de droit. Les trois minois envahissaient la Toile.

Elles étaient dans la fleur de l'âge, le pays s'identifiait. Tibor s'attendait à un revirement, mais celui-ci tournait à la bouffonnerie : en entrant dans la danse, ces filles donnaient le vertige aux faiseurs de vertu. Tibor la connaissait, la foutue faiblesse de l'abstraction, étrangère à ces trois visages rayonnants, plus tout à fait adolescents, pas véritablement adultes. En l'espace d'un samedi après-midi, le *serviteur* était devenu un salaud. L'affaire se compliquait, ses abonnés ne remontaient pas dans son estime.

Tibor fut rappelé à son timing initial par Kader qui l'appela pour savoir où il était. Il devait partir dîner chez sa sœur à Pelleport dans moins d'une demi-heure. Tibor s'excusa : il était juste en bas. Il continua de pianoter dans l'ascenseur, dix étages à faire défiler des messages d'insultes.

La porte du 107 était déjà entrebâillée. Sur le palier, Kader lui glissa le sac qu'il était venu chercher et l'invita à entrer. Tibor le remercia d'un sourire satisfait, puis déposa son portable dans l'entrée avant de refermer derrière lui.

Kader ouvrit deux binouzes fraîches qu'ils burent sans dire un mot, posés sur le balcon. Les contours du quartier se perdaient dans la pénombre de cette fin de journée dénuée d'événement. Cerisiers, Noisetiers, Marronniers, Rosiers, Tilleuls, Sorbiers et Platanes ; les hautes structures se fondaient en une large masse noire. Les fenêtres s'illuminaient peu à peu depuis des intérieurs qui gagnaient en définition. Une fois éclairés, les appartements révélaient leurs menues différences. Des points lumineux, des silhouettes affairées se détachaient à mesure que l'obscurité s'imposait. Une ribambelle de reflets et d'écrans scintillants prirent le relais pendant que le houblon et le malt descendaient le long de leur gorge sèche, dans le silence paisible qui fabrique des amis pour la vie. Ils se promirent de ne pas se coucher tard. Demain serait un grand jour.

Tibor remercia à nouveau Kader pour le sac ; tout y était, c'était parfait. Il n'aurait pas pu faire sans lui.

Et ce fut en reprenant son téléphone, posé comme à son habitude sur le vaisselier en formica de l'entrée, que Tibor se rendit compte qu'il venait de commettre sa première erreur depuis qu'il était *serviteur.* Dans son empressement à se reconnecter, il avait oublié d'enclencher le VPN.

***

Sébastien Berthier prenait la mesure de la situation, assis derrière son grand bureau, le seul achat qu'il avait imposé à la municipalité lors de sa prise de fonction. Le bureau en merisier de son prédécesseur divers droite avait été infesté par les termites. Le meuble patiné avait jusque-là servi douze maires de rang. Les traitements à l'acide borique n'y firent rien, le bois malade menaçait de contaminer le parquet. Sans regrets, Sébastien Berthier ordonna un enlèvement immédiat pour la déchetterie de Plouzot, celle qu'il avait annoncé vouloir déplacer en début de mandature. Il opta pour un design new-yorkais aux proportions viriles : pied en acier brossé, table lisse et semi-transparente en verre dépoli, épais tiroirs en bois brûlé au chalumeau. Il prônait la modernisation et n'était pas contre une once de radicalisme, surtout quand elle touchait aux formes du quotidien. Son bureau était une déclaration politique : il remettrait la ville au goût du jour.

De l'autre côté de la table, Bertrand Francine et Paul Lavezzi répétaient. Le plus jeune maire que la ville eût jamais élu devait comprendre que tout allait se jouer dans les prochaines quarante-huit heures. Le procureur de la République venait de faire sa déclaration à la presse, officialisant la piste des trois étudiantes et la présence du *serviteur* à Cléricourt. Sébastien Berthier acquiesçait : il resterait mesuré, donnerait le sentiment de maîtriser la situation en ayant anticipé le pire. La ville serait bientôt exposée à des millions de regards curieux. Il avait déjà reçu trois messages de la direction nationale de son parti, qui s'intéressait enfin à lui. Tout s'accélérait.

Sébastien Berthier se concentrait sur le prochain mouvement. Soit, la présence du *serviteur* avait été formellement établie ici avec une première connexion à Flora-Tristan. Il s'attacherait donc à contrer l'étiquette *made in Cléricourt*. Ce serait là sa ligne : pas de ça chez nous, à part exception folle. Et jusqu'à présent, on ne parvenait pas à identifier le coupable, la faute à cette journée de forte fréquentation.

Sébastien Berthier s'en souvenait bien : un succès qui prouvait qu'à Cléricourt, on savait vivre ensemble. Enfin, c'était ce qu'il avait déclaré vendredi dans une longue interview au *Courrier Cléricourtois*, *autosatisfecit* de mi-mandat sur le pouvoir de la culture, la liberté associative, les promesses de la diversité et les bienfaits de l'éducation. Il avait même cité Victor Hugo. Il risquait gros.

Si la médiathèque, dont il avait augmenté le budget, servait de repère à une bande d'assassins, on allait le traiter de complice. Et si le *serviteur* était un Arabe du Bois-Vert, sa déclaration d'amour au méchoui et à la cuisine nord-africaine ne sentirait plus aussi bon le cosmopolitisme. L'extrême droite ressortirait son interview lors de la prochaine campagne électorale, ce qui suffirait à définir les contours d'un programme patriote. Sébastien Berthier avait parlé au *Courrier Cléricourtois* comme un débutant ; il apprenait qu'en politique, l'élan du cœur pouvait se muer en enterrement de première classe.

Il ouvrit son col de chemise, croisa délicatement ses mains sur la table, fixant ses deux interlocuteurs avec intensité, comme si l'avenir allait pouvoir apparaître entre les traits tirés de Paul Lavezzi et le regard assuré de Bertrand Francine. À mesure que les deux policiers affinaient leur stratégie en faisant semblant de le consulter, Sébastien Berthier peaufinait sa prochaine déclaration publique. Les télévisions arriveraient le lendemain matin. Il entrait dans l'arène nationale.

Paul Lavezzi poursuivit. On localisait le *serviteur* au Maroc, mais ça ne voulait rien dire. Les techniques pour falsifier la géolocalisation se développaient à un rythme effréné. De Cléricourt, on était par contre certain.

Le serviteur et son équipe, on pouvait en être assuré, rôdaient dans le coin.

Bertrand Francine étaya ses demandes immédiates : les dossiers administratifs de tous les employés de la médiathèque ainsi que celui de Kader Belkacem ; les contacts de la société de nettoyage ; la liste des associations du Bois-Vert. Sébastien Berthier s'apprêtait à les renvoyer vers Sophie et Fadila, qui savaient toujours où trouver ce genre de paperasse, quand le téléphone de Bertrand Francine vibra et émit, en rebondissant contre la plaque en verre du bureau municipal, un bruit sourd et froid.

Le haut-commissaire fit partager la nouvelle à ce maire aux dents longues et inexpérimentées. On venait de biper le *serviteur* à Cléricourt.

Au Bois-Vert, dans la tour des Peupliers.

Dimanche

En passant la cinquième, Kader chantonna plus fort, histoire de réveiller la troupe encore accrochée à la nuit du samedi. On approchait des sept heures ; il fonçait prendre Jo aux limites de la ville, dans la nouvelle zone pavillonnaire. Les champs émergeaient de la route départementale, tout était gris orangé.

Seul Tibor embrayait sur la bonne humeur du capitaine en reprenant ses refrains qui irradiaient l'habitacle d'une présence revigorante. À l'arrière, Manuel gardait les yeux fermés, bien que les gesticulations de Tibor fissent leur œuvre : il se préparait, esquissant un léger mouvement des lèvres qu'il avait roses et charnues. Il ne chantait pas mais le cœur y était.

Manuel avait tenu à venir, malgré la soirée arrosée de la veille avec les collègues de la cimenterie. C'était le match, on le lui avait assez répété, à ne pas manquer. Il s'était arraché du lit par amitié, ronflant sec à l'arrière de la vieille Peugeot blanche. Lové côté gauche contre la portière molletonnée, il épongeait l'humidité de la vitre latérale, la joue écrasée contre le verre trempé.

Kader regardait droit devant lui, concentré. Toutes ces rues à peine terminées qui desservaient des maisonnettes aux jardins entremêlés, sans arbres ni haies, se ressemblaient trop pour qu'il roule à l'instinct. Il prêtait attention aux petites différences et son point de repère apparut : la grande balançoire jaune et vert de la famille Fernandes. Jo attendait, assis sur le bas-côté, et répondit aux appels de phares de Kader en levant haut les bras de la victoire. Son V se dressait vers un ciel de plus en plus clair, abandonné par des étoiles à l'éclat finissant. Kader validait le signal : avec ou sans soleil, ils partaient se taper Pelleport Sport. Rendez-vous à huit heures au gymnase Marcel-Sembat.

La deuxième voiture était déjà en route : Coco, Marc, Kevin et Gaby arriveraient plus tôt. Sentant poindre la grogne à l'arrière, Kader rappela qu'il avait protesté contre l'horaire matinal et qu'il ne disposait d'aucune marge de manœuvre. La date du match tombait mal, pile le jour du tournoi de badminton interrégional toutes catégories. Les cinq gymnases de Pelleport étaient mobilisés dès neuf heures trente et il fallait impérativement jouer avant. Il avait, bien sûr, tenté un rapatriement chez eux dans l'après-midi, à Raymond-Poincaré, mais entre un horaire indécent et un match à Cléricourt, Pelleport Sport n'avait pas hésité. Jo comprenait, ils auraient fait pareil. L'objectif restait inchangé : les battre à l'extérieur.

En s'asseyant à côté de Manuel, Jo devança les questions indiscrètes : Aurélie s'était montrée à son avantage tout le week-end, sans agressivité ni volonté d'en découdre. Elle ne savait rien pour Gabrielle et c'était mieux ainsi. Jo avait décidé d'enfouir cette histoire bancale sous les feuilles d'automne.

Kader approuva la sage décision en grommelant amicalement. Toute la voiture en convenait : maintenir le statu quo était contre-nature, mais il y avait du bon à maintenir un cap. Jo pouvait compter sur les copains, qui ne diraient rien. Dans l'habitacle, régnait un air revigorant de seconde chance. Il donnait à l'A. S. Cléricourt une certaine confiance en l'avenir, qu'elle espérait convertir sur le terrain en passes décisives et en passements de jambes. Jo sourit, gratta sa fine barbichette qu'il entretenait matin et soir depuis que Gabrielle la caressait à rebrousse-poil avec une sensualité contagieuse. Il était temps pour le petit milieu défensif de changer de sujet, ce qui, au vu de l'actualité, n'était pas difficile. Tout le monde avait suivi la dinguerie. Jo prononça son nom comme on s'accrochait à une bouée en plein ressac : le *serviteur.*

Calé dans le siège avant droit, Tibor se raidit aussitôt. La diversion tactique de Jo sonna comme un uppercut. Un trou noir écrasait ses pensées. Personne ne remarqua son mouvement de tête incontrôlé, ce balancement imprécis du cou, vite perdu dans l'agitation collective.

Kader dégaina le premier : la police l'avait hier placé aux premières loges. Deux flics suspicieux étaient venus le cuisiner en mode passif-agressif. Un type corpulent à moustache et un grand Parisien en costume bleu nuit, aux lunettes rondes et aux manières carnassières. Tous les deux étaient persuadés qu'il connaissait le *serviteur* et que ce dernier venait du Bois-Vert.

Ce genre de flics l'emmerdait. La répression était chez eux un réflexe de primate. On ne s'intéressait à Aimé-Césaire que lorsque survenait un problème, alors qu'il eût fallu mesurer ce que le centre empêchait. Chaque jour, ses salariés prévenaient. Mais cela, on ne voulait pas le voir. Kader et son équipe maintenaient à flot des situations intenables. Leur sueur ne rentrait dans aucune grille d'évaluation. On leur demandait de remplir des tableurs, de *ticker* des items, de lister les *inputs*, alors que les braises chauffaient et que l'eau manquait. Alors, ils éteignaient les départs de feux avec les moyens du bord, quitte à finir le travail à la pisse. Le semblant de quiétude au Bois-Vert était le fruit d'un labeur, payé au salaire minimum. Il suffisait d'un taré pour tout bousiller. Et maintenant on l'affirmait : une armée.

Sur ce coup-là, Kader en était certain, cela ne venait pas de chez lui. Il se souvenait du mercredi et personne ne cochait les cases. Kader avait suivi les messages de revendication du *serviteur*, retourné les possibilités. Moussa, Idriss, Fredo, Ahmed, Boulaye, Tierno,

Alain, petit Thierry, Zouhair, Kim, Kriche, Abdallah, Jimmy, Boussa, Cheick ou Semelle-Qui-Pue : tous ces gars-là s'étaient pointés à la médiathèque avec leurs espoirs à demi-avoués de rédemption sociale. Kader ne savait plus s'il fallait en rire ou en pleurer, mais il était formel : ils auraient tous fait au moins trois fautes d'orthographe par ligne de post. La question était réglée, elle ne passait pas le test de l'écrit. Et puis, ils étaient incapables de décapiter trois étudiantes. Kader était sûr de ses gars, de leurs forces comme de leurs faiblesses. Ils avaient la rage ratatinée, rentrée aux forceps. Tous avaient honte de leur passé, beaucoup se battaient contre un présent hostile. Mais aucun n'avait la haine recuite. Quant aux mères et aux sœurs, elles faisaient le nombre et la loi. Et comme toujours, elles avaient assuré. Le *serviteur* venait d'ailleurs.

Tibor saisit la balle au bond, sans assurance sur la tournure qu'allait prendre la conversation. Oui, c'était une dinguerie. Il connaissait Flora-Tristan et n'imaginait pas qu'un usager puisse faire le coup. Tibor n'était pas du genre à tromper les potes, on ne pouvait pas dire qu'il mentait. Il empruntait ses livres sur le compte de Coralie et fréquentait la médiathèque sans y être inscrit. Manuel se réveilla pour de bon : il chiait sur les décapitations islamistes.

Kader s'agaça des affirmations du cimentier. Qui pouvait savoir pour les trois disparues de Pelleport ? Le *serviteur* n'avait rien revendiqué et la seule chose qui lui semblait acquise était l'innocence du Bois-Vert.

Tibor lui jeta un regard entendu. De cela, lui non plus ne doutait pas. Kader lui balança un *check* que Manuel désapprouva avec la verve qu'on lui connaissait : on croyait connaître les siens, mais l'essentiel pourrissait en sous-face. Manuel savait de quoi il parlait, il n'y avait qu'à regarder le trio entre Jo, Gabrielle et Aurélie.

Engoncé au milieu de la banquette arrière, Jo essuya une moue désapprobatrice qui ne trompa personne. Le coup était bas mais chirurgical, visé en pleines couilles. Manuel enchaîna, rappelant l'histoire que tout le monde avait un jour commentée à Cléricourt : Miguel Sierra et le drame de la cimenterie.

Il y avait trois ans déjà.

Miguel, un vieux copain. Onze ans de plus que Manuel à l'usine. Un délégué syndical de premier plan, toujours prêt à informer les camarades et à s'opposer aux abus de la direction. Un bon vivant qui jamais ne refusait un apéro. Un papa comblé – trois enfants diplômés, dont une fille en dernière année de médecine, deux chiens à poils longs qui cohabitaient avec un chaton roux, mignon comme un écureuil. Et puis, ce dimanche de juin qui le vit buter sa femme à bout portant. Trois balles de 22 Long Rifle en pleine poitrine.

À cinquante-sept ans, Géraldine venait de lui annoncer qu'elle le quittait pour de bon. Miguel ne supporta pas l'écroulement, le cataclysme des conséquences immédiates.

Il partit prendre le fusil de chasse dans la buanderie. Comme à la guerre.

Il chargea, revint, tira, laissant la femme d'une vie s'effondrer sur le linoléum de leur vieille cuisine aménagée. Puis il s'enfonça vers la cimenterie. La police encercla le bâtiment trop tardivement. Miguel Sierra fut retrouvé pendu au milieu de la cantine, le cou enserré à triple tour par une rallonge électrique, tout juste après avoir logé deux balles dans la tête de madame Bréal.

La directrice des ressources humaines était une femme à poigne, attentionnée et porteuse chronique de mauvaises nouvelles. En ce jour du Seigneur, elle eut l'idée de passer après la messe récupérer dans son bureau un dossier de reclassement collectif qui, selon les dires de son mari, la tracassait depuis le début du week-end. Réduire les effectifs improductifs relevait d'une optimisation précise et il y avait la réunion du lundi matin.

Dans la cour centrale, Béatrice Bréal croisa Miguel Sierra. Lui comme elle n'auraient jamais dû se trouver là, en plein dimanche, mais c'était la force de la cimenterie : elle vous happait et finissait par tout prendre.

On ne sut pas si ce fut un mot de trop, un mauvais regard ou le fracas de l'avalanche en cours qui décida du coup de feu. L'autopsie, cependant, suggéra quelques pistes : il y eut un intermède durant lequel la vie de Béatrice Bréal resta suspendue. Miguel la fit s'agenouiller, à moins que Béatrice n'eût imploré. Leurs dernières intentions s'étaient évaporées. La position de son cadavre fut le seul indice dont disposèrent les experts en balistique. Miguel Sierra avait tiré d'en haut, le canon directement apposé sur son front. Cette image hantait Manuel. Il y pensait souvent à la pause de midi : visage arraché, corps pendu.

Le camarade Sierra avait commis deux horreurs en moins de trois heures. Les morts de Géraldine et Béatrice ne portaient pas encore le nom qu'on leur aurait aujourd'hui accolé – féminicide –, folie meurtrière dont on comprendrait bientôt qu'elle se répétait trop fréquemment pour n'être que le fruit d'un vicieux hasard. Manuel l'assurait : on ne connaissait pas bien les siens.

***

Sept heures quarante-cinq : douze camionnettes, trois fourgons blindés, six motos, huit voitures dont trois véhicules banalisés. À l'arrêt, en attente du signal émis par les talkies-walkies.

Personne dans la rue, pas même un chat errant. Peut-être des rats à proximité du local à poubelle, mais il eût fallu inspecter pour l'affirmer. Le silence était lourd d'impatience. Dans quinze minutes exactement, la perquisition commencerait.

Assis dans son élégante Renault couleur chrome, Bertrand Francine nettoyait ses verres de lunettes à l'aide d'un chiffon microfibre, avec la précision millimétrée qui découlait de vieilles habitudes. Il avait bien dormi, l'hôtel de la Poste savait accueillir. Après avoir avalé un petit déjeuner composé d'une de ces copieuses assiettes au caractère artisanal que seules les petites villes de province savaient encore préparer, Bertrand Francine avait les idées claires. Il avait pris la bonne décision. Enfin, la police imposait son tempo au *serviteur*.

Il fixa du regard l'Audi rouge qui se garait derrière ses fourgons : Sébastien Berthier arrivait au pas. Le maire avait tenu à assurer le lien avec la population. Les Peupliers se dressaient droit devant lui : dix étages parfaitement identiques avec dix appartements par niveau.

Dix fois dix qui faisaient cent.

Bertrand Francine chaussa ses lunettes en détaillant chaque fenêtre. Dans l'un de ces logements se cachait le coupable. Ou les coupables, si l'armée existait bel et bien, ce à quoi ni lui ni Paul Lavezzi ne croyaient réellement. La géolocalisation l'assurait en tout cas : dans la tour, un smartphone, pas encore identifié, s'était connecté hier soir au compte X du *serviteur*.

Le commissaire salua Sébastien Berthier à travers la brume évanescente. L'édile avait été clair : il faisait le déplacement pour les quatre-vingt-dix-neuf pour cent d'innocents qui allaient se prendre un ouragan à domicile dans moins de six minutes. Sur ses épaules, la dignité républicaine. Sébastien Berthier avait enfilé son écharpe officielle mais il ne trompait personne avec le bleu blanc rouge en bandoulière : ce matin, tout était bleu police.

Trois cibles prioritaires avaient été désignées. Au cinquième, l'appartement 52 : la famille Göle, récemment arrivée sur place, dont la présence à Flora-Tristan mercredi était attestée par une inscription sur les registres de la médiathèque. Au septième, l'appartement 77 : Alassane Ben Mabrouk, fiché et passé par la case prison. Au dixième, l'appartement 107 : Kader Belkacem, également présent à Flora-Tristan, éducateur à forte tête.

L'organisation quadrillerait tous les étages. Cinq agents répartis par niveau, pour bloquer l'escalier de service et balayer le couloir central. À moins de sauter d'un balcon, fuir était impossible. Bertrand Francine superviserait les visites domiciliaires : vingt-deux hommes et quatre femmes avec gilets pare-balles, fusils d'assaut et béliers se déploieraient dans l'immeuble en compagnie de quatre maîtres-chiens. La police scientifique suivrait en s'adaptant selon la configuration des appartements. Une unité souterraine visiterait le local poubelle et fouillerait les caves. On n'excluait pas d'y retrouver le corps des victimes. Paul Lavezzi dirigerait les habitants délogés à leur sortie de l'immeuble : prise d'empreintes, vérification des identités, mises en garde à vue, saisie des téléphones et des tablettes.

Il était huit heures, passées de trois secondes. Bertrand Francine alluma son talkie-walkie.

***

La cathédrale de Pelleport trônait à distance respectable, vestige d'une histoire séculaire faite de saints sacrements et de rivalités ancestrales : des rois, des reines, des mariages, des assassinats. Depuis six mois, les travaux de voirie à l'est de la ville la rendaient inaccessible aux engins à moteur. Toutes les rues environnantes avaient été condamnées : on excavait les vieux égouts et on n'apercevait plus le monument altier qu'en toile de fond.

À l'ouest, les bords du fleuve qui traversaient la ville étaient impraticables à cause des berges inondées. Le grand boulevard central était l'unique point d'entrée depuis Cléricourt. Une voie sans âme et désynchronisée où l'on se coltinait tous les feux rouges. Kader, Tibor, Jo et Manuel patientaient pour rien, entourés de mornes devantures cachées sous des rideaux de fer fatigués qui se succédaient à un rythme rébarbatif. Bar-tabac, café brasserie, téléphonie mobile, kebab, chinois, sur place ou à emporter : chaque local privilégiait l'utile à l'esthétique. Au bout du boulevard, l'avenue Jean-Jaurès menait droit à Marcel-Sembat.

À l'intérieur du gymnase tonnaient les rebonds des ballons sur la tôle ondulée. L'échauffement avait démarré. Kader gara sa Peugeot juste à côté du SUV de Coco. Les gars étaient déjà rentrés. Marc, Kevin, Gaby et Coco s'amusaient à tirer des coups francs sur la barre transversale pendant que Pelleport Sport faisait des tours de terrain, au complet et en ordre de bataille. Jo, Tibor et Kader saluèrent leurs adversaires comme un dimanche matin, de loin et sans entrain, avant de rejoindre le reste de l'équipe avec excitation. Les corps se réchauffaient. Kader, Kevin et Tibor accéléraient leurs courses. Gaby, Coco, Marc et Jo préservaient la machine. Ils attendaient que le sifflet retentisse pour donner tout ce qu'ils avaient sur le Taraflex.

Manuel prit place sur les gradins, côté Cléricourt. Quatre rangées pour lui tout seul. Côté Pelleport, une trentaine de personnes, réparties selon un agencement respectant l'ordre des sexes et des générations : femmes, parents, gamins, gamines.

Tibor jaugeait l'adversaire, toujours les mêmes : le grand black qui marquait à chaque fois, la teigne de gardien hyper souple, le gras du bide en défense central, le reubeu ultra technique, le milieu asiate qui bloquait les intervalles. Et quatre autres types dont les caractéristiques premières ne lui revenaient pas. Manuel roulait sa clope avec attention. Il irait bientôt la fumer sur le parking ; l'ambiance montait.

***

Tibor en avait assez ; l'arbitre était un con fini. Pelleport Sport tirait sur les maillots et distribuait des tartes. Sur sa tunique noir et blanc, l'officiel arborait crânement l'écusson de la fédération mais ne bronchait pas. Bras ballants, peu porté sur le sifflet, il courait avec un retard systématique. Le grand black avait déjà marqué par deux fois et le reubeu enfumait tout le monde avec sa technique de Brésilien. Cléricourt résistait et s'en sortait au métier : un corner rentrant de Tibor pour une tête chanceuse de Kader, passée entre les jambes du grand rouquin ; un coup franc de Gaby détourné par l'asiate en pleine lucarne.

Deux partout à la pause ; c'était un moindre mal, immérité tant ils étaient dominés. Kader remobilisait l'A. S. Cléricourt. Gaby était cramé, déjà un remplaçant de moins. Manuel encourageait du poing mais sous la tôle de Marcel-Sembat, on entendait surtout les femmes des joueurs de Pelleport chanter en décalé, tandis que leur entraîneur, un tatoué à la voix éraillé, engueulait leur mari : possession stérile, gris-gris ridicules ; on n'était pas sur PlayStation. Tibor entendait le sermon. Un connard de plus.

***

Devant les Peupliers, Sébastien Berthier était dépassé ; trop de gamins pleurant à chaudes larmes. Les pères protestaient haut et fort ; les mères réconfortaient les petits, contenaient les grands. Une dizaine d'adolescents regroupés sur le côté : le regard assombri, bientôt haineux. Le tableau était une caricature mais il s'imposait en ces termes grotesques au maire de Cléricourt. La police assermentée, blanche et armée, vidait les lieux au pas de charge. Au centre du cercle délimité par les agents de la force publique : des Noirs et des Arabes, suspects.

Paul Lavezzi avait tenu un discours au mégaphone ponctué d'excuses sincères. Il en appelait au civisme, à la citoyenneté. Ils se le devaient à tous et à toutes, d'agir ensemble contre les barbares. Il invitait les Peupliers à collaborer afin que le *serviteur* puisse être écroué. Restait que les mots, même les mieux choisis, ne changeaient rien à la brutalité des choses : près de cent familles se retrouvaient parquées dehors, un dimanche matin, en plein cœur de l'hiver.

Sur le bitume, les voisins et les voisines se dévisageaient, tandis que la police répétait : parmi la foule, un mouton noir. On clamait son innocence, on s'accusait en silence. Les adjectifs et les adverbes perdaient de leur superbe. Les mots s'écrasaient les uns contre les autres, ventilés dans le brouhaha des indignations et des pétitions de principe. Dans ce trop-plein de vocabulaire, de contestations et d'affirmations contradictoires, tout le monde finissait par avoir une gueule de coupable. Sébastien Berthier passait dans les rangs, écoutait, promettait du réconfort.

Fadila, la secrétaire préposée aux situations de crise, assurait la liaison avec la cantine municipale qui allait débouler. Comme à chaque fois, Gros Paulo et Gina avaient répondu présents au débotté. Ils arrivaient en camionnette : des tréteaux, six plateaux de croissants décongelés, des Thermos à café et à chocolat chaud.

La météo avait menti, de pluie il n'y eut point. Ce fut la seule bonne nouvelle de la matinée.

À l'intérieur, on vidait les armoires et on retournait les sommiers.

Au 77, Alassane Ben Mabrouk n'offrit aucune résistance. Il déclara ne pas posséder de smartphone et s'en remettre au Coran, obligeant les forces de l'ordre à retourner son F2 par le menu. Alassane observait avec un air de contentement inadéquat et laissa faire. Il avait appris à connaître ses droits et ses devoirs. Dans un silence dédaigneux, il installa un tapis brodé en direction de La Mecque et se mit à prier. Il invita du regard les hommes en uniforme à le suivre. Ces flics étaient dans son salon et il était cent pour cent innocent. Au bout d'une heure, les agents se retirèrent sans le moindre téléphone, soûlés de *Allah Akhbar* et de *bismillah*. Peut-être disait-il vrai, mais Bertrand Francine confirma à Alassane ce qu'ils savaient déjà tous les deux : ils se reverraient au poste. La garde à vue démarrait.

Au 52, Ayda Göle poussait des cris indignés qui tétanisèrent Belin et Eda, ses deux filles de treize et quatorze ans. Recroquevillées sur le canapé du salon, elles restèrent muettes, se cachant par intermittence derrière leurs longs cheveux châtains, incapables de répondre à l'interrogatoire policier et aux suppliques maternelles. Leurs yeux noirs observaient une scène à laquelle elles se gardaient de participer. Eda tirait fort Belin, tout contre elle, jusqu'à ce qu'elles forment une boule solidaire, d'où sortaient de fines jambes désordonnées. Leur mère criait et faisait comme tous les jours, du mieux qu'elle pouvait.

Les agents constatèrent l'absence d'un mari dont la photo était quatre fois encadrée sur les murs de l'appartement avec la même veste en tweed beige. Chaque question sur les portraits de ce fantôme à l'épaisse moustache noir de jais nourrissait le feu intérieur d'Ayda Göle. Les policiers ne tireraient rien de cette femme aux yeux verts et au teint brun. Il fallait la neutraliser.

Dès les premiers instants, Ayda avait été rangée dans la catégorie des hystériques, celles par qui les accidents arrivaient en perquisition. Pour autant, la visite du 52 ne tournait pas au fiasco. Il y avait déjà deux téléphones et un ordinateur sous scellés. Et puis, ce meuble incongru intrigua : une étagère remplie d'une quarantaine de livres et de carnets indéchiffrables. Belin et Eda constataient : la police fouillait et Ayda s'opposait. Le français de leur mère se limitait désormais à un seul mot, martelé pour épuiser la situation. Ce mot, les policiers n'étaient pas prêts à l'entendre.

Arrêtez.

Au 42, Blandine Guillac entendit les cris provenant de l'appartement du dessus et reconnut cet accent qui sentait la sauce cacik, les kebab adana et les feuilles de vignes farcies. La nouvelle recrue du peloton de surveillance et d'intervention avait quelques rudiments de turc, à la faveur d'un séjour à l'université d'Ankara durant sa deuxième année de droit à Montpellier. Elle demanda au sergent la permission de monter au cinquième pour aider les collègues.

Lorsque Blandine Guillac entra dans le salon du 52, la douceur pâle émanant de ses iris apaisa Ayda et l'encouragea à reprendre ses phrases avec plus de calme. Blandine lui servit un verre d'eau fraîche, et lui fit répéter ses paroles autant de fois que nécessaire en lui serrant la main droite. Puis elle fit partager ce qu'elle put traduire à ses supérieurs : la famille Göle était arrivée au Bois-Vert il y a trois mois et bénéficiait du statut de réfugiés politiques, ce que certifiait le dossier administratif confié par Ayda dans la foulée. L'homme à moustache se nommait Faruk Göle. Il croupissait depuis six mois dans une prison d'État à Istanbul. Dans le quartier de Ümraniye, crut-elle bon de préciser.

Un venteux matin de mai, cinq agents de l'organisation nationale du renseignement étaient venus cueillir au réveil le professeur d'histoire aux idées trop larges dans leur appartement qui donnait sur les bords du Bosphore, à Usküdar. Les suppliques d'Ayda n'avaient servi à rien et, en moins d'une demi-heure, il n'y avait plus eu ni mari, ni papa, ni professeur de littérature comparée. Les mois étaient passés et l'attente s'était transformée en résignation : il n'y avait plus que du vide à Usküdar. Grâce à l'appui d'un collègue francophone de Faruk à l'université, les Göle avaient pu partir. La famille jouissait désormais de l'asile de la France et d'un nouveau quotidien à Cléricourt. Elle entretenait surtout, grâce à un petit comité de soutien parisien, l'espoir de libérer Faruk.

La porte du 107 resta close. Après trois sommations, elle fut défoncée. Kader Belkacem avait quitté les lieux dans une précipitation évidente. Un bol de Chocapic trônait dans l'évier. Une serviette mouillée gisait sur le sol encore humide de la salle de bains. En guise de doigt d'honneur, un lit défait s'offrait aux regards inquisiteurs, agrémenté d'un vieux pyjama à carreaux roulé en boule entre deux oreillers dépareillés. Son absence était fâcheuse. Bertrand Francine ne pouvait négliger la possibilité qu'il y ait eu une taupe parmi les siens. Après les constatations officielles, il lança un avis de recherche.

Au 22, la police mit la main sur deux pains de shit et trois revues pornos sous le matelas de Radouane Ferri, un lycéen de dix-sept ans qui n'en était pas à son coup d'essai. La mère pleurait de honte et il fallut une empoignade musclée pour éviter que son père le corrigeât à coups de poêle à frire.

Il était bientôt onze heures. La visite des caves n'avait rien donné, à part deux lots qui sentaient le recel à plein nez. Le bilan était maigre, nul au regard des moyens déployés : un suspect dans la nature, les prières moqueuses d'un fou d'Allah, quatre-vingt-huit téléphones portables à analyser et un shiteux acnéique pour satisfaire les statistiques du ministère.

***

Côté A. S. Cléricourt, le temps avançait au ralenti. Le score ne tenait qu'à un fil mais, depuis la mi-temps, il ne bougeait plus. Tibor contenait le reubeu du milieu, virevoltant mais inefficace. La défense ne cédait pas, Jo sortait le match de sa saison. Il organisait l'entrejeu sous les applaudissements de Manuel qui encourageait les copains avec la véhémence des fins de match.

À l'issue d'un contre extrêmement favorable, Tibor se retrouva seul devant le gardien. Il n'eut pas le temps d'armer sa frappe et se retrouva par terre, perclus de douleur. Découpé par le gardien, pieds en avant. Le penalty était évident, tout comme la volonté de faire mal du petit goal, connu pour être vicieux. L'arbitre rendit le ballon à Pelleport Sport : double contact à pleine vitesse. Dans l'esprit du jeu et le sens d'une compétition de niveau départemental. La cheville de Tibor ne s'en remettrait pas, mais ce n'était rien face à la rage. Elle venait de trop loin. Au-delà de l'injustice, toute une semaine.

Tibor servait : l'A. S. Cléricourt, Pelleport Sport, l'arbitre, mercredi, jeudi, vendredi. Sous le toit de Marcel-Sembat, personne ne pouvait imaginer la teneur de ses nuits et l'acrimonie qui grevait son cœur. Seuls ses compagnons d'œuvre connaissaient la couleur de la gicle.

Il insulta l'arbitre en fixant ses yeux fuyants. L'irrégularité des taches de rousseur écrasées sur son nez aplati, soulignées par une calvitie naissante, donnait à voir une peau flétrie. Boutonneuse et dégoûtante. Dans son dos, résonnait le rire satisfait du gardien. Tibor n'y répondit pas directement, frappant de toutes ses forces la sale peau grasse d'en face. Il n'eut pas le sentiment de s'acharner, juste de cogner pour réparer. La seule chose dont il se souviendrait, quand on l'obligerait à rappeler sa version des faits, serait l'irruption d'un puissant mal de crâne accompagnant un sentiment de satisfaction diffus.

L'arbitre, à terre, pissait du rouge par les narines. Tibor avait chargé tête la première, l'assénant de coups de boule jusqu'à ce qu'il s'écrase au sol. Kader le ceintura avec l'aide de Gaby. Les familles de Pelleport hurlaient en vrillant dans les aigus, tandis que Jo et Manuel tentaient de parlementer avec les plus excités. Sur le terrain, Marc, Kevin et Coco faisaient face à leurs adversaires. Sans surprise, Coco semblait prêt à en découdre. C'était lui qui d'habitude dégoupillait. Mais rapidement, tout le monde entoura Anthony Boussoufa qui resta allongé pendant de longues minutes en jurant autant que ses fonctions le lui permettaient. Quand il découvrit le sang ruisselant sur ses vêtements officiels, il promit : vengeance.

Kader ne comprenait pas.

Certes, l'arbitre n'était pas une lumière et n'avait pas été neutre. Mais c'était le lot commun, l'histoire de chaque match dans leur division. Et Tibor ne se vautrait jamais dans ce genre de fange : il négociait, emportait l'adhésion par la parole. Au poker, il savait entrer dans la tête de ses adversaires, les épuiser à feu doux, les battre à coups de sourires et de rhétorique. Il ne fonçait pas, n'agressait jamais. Anthony Boussoufa prévint : il allait porter plainte au commissariat sur-le-champ. Un rapport officiel serait envoyé à la Fédération. L'A. S. Cléricourt pouvait oublier la fin de saison et Tibor le futsal.

Le trajet du retour fut laborieux. Tibor s'était emmuré dans le silence, un pain de glace sur le front, un autre sur la cheville. Il n'y avait rien à ajouter. Kader déposa les garçons dans l'ordre inverse de la montée : Jo, Manuel, Tibor. Il était midi passé et ils avaient perdu sur tapis vert.

***

Des voitures partout aux abords du quartier et un attroupement inhabituel bloquaient la circulation. Impossible de stationner devant la maison.

Kader contourna le bouchon en se déportant vers le vieux parking des Érables. C'était bien la première fois qu'il se garait aussi loin des Peupliers.

Jamais il n'avait vu autant de policiers. Des cameramen, des perchmen, des journalistes excités. Cela changeait de Champenois, le type aux cheveux blanchis du *Courrier Cléricourtois* qui venait quatre fois par an : kermesse, Téléthon, journée des associations, voitures brûlées. Kader reconnut les logos des grandes chaînes hertziennes et de leurs concurrentes du satellite, comme si s'étaient brusquement téléportées là les coulisses d'un monde parallèle ; celui qui, d'ordinaire, déterminait l'agenda depuis les lumières blanches de la capitale.

Kader aperçut Berthier avec son écharpe tricolore en train de se faire interviewer par un Parisien en costume gris anthracite qu'il avait déjà vu à la télé, mais dont le nom n'avait pas retenu son attention. Une gueule estampillée de souche, masculine au carré, avec des cheveux poivre et sel qui donnaient à sa barbe de trois jours une allure trop sophistiquée pour être crédible. Le maire tirait une mine grave, solennelle. En fond de ciel, le vrombissement rotatif de quatre drones qui tournaient en cercles concentriques autour des Peupliers et filmaient la scène qui se jouait. Probablement les gamins des Marronniers ou des Rosiers, à en juger par le trajet téléguidé des automates. Tout passait déjà sur Internet.

Kader arriva à la hauteur de la masse regroupée devant son immeuble et découvrit les visages excédés des voisins et voisines enserrés par la police. Traits creusés et épaules basses. Kader pensait savoir, mais à la vue de l'encerclement, il comprit : la densité, ce n'était pas que les pannes d'ascenseur ou les cages d'escalier refroidies à l'urine. C'était une compression permanente, un tas de vies en concurrence.

Il tenta de se frayer un chemin vers le responsable des opérations mais sa fonction ne suscitait pas le moindre intérêt. Du directeur du centre d'animation, les uniformes n'avaient que faire. Il arrêta un commissaire ou un lieutenant-colonel, peu importait, toutes ces hiérarchies lui étaient étrangères. Le verdict lui tomba dessus dès qu'il déclina son identité et précisa habiter au dixième étage : il était officiellement en garde à vue. Le gradé lui indiqua qu'il était suspecté dans l'affaire dite du *serviteur*. Il en aurait pour au moins vingt-quatre heures et pouvait être examiné par un médecin, prévenir un proche ou être assisté d'un avocat.

Kader se mura dans un silence défensif, sachant qu'il avait le droit de le garder et que tout ce qu'il dirait serait retenu contre lui. La formule consacrée par les séries américaines s'imposa dans son esprit, bien que l'agent ne la prononçât pas. Il énonça à la place un article du Code de procédure pénale et l'invita à le suivre de bonne grâce, sous peine de se voir obligé de le menotter. Assis dans un fourgon blindé avec une radio jouant du Gilbert Montagné, Kader attendait que Paul Lavezzi se présente de nouveau à lui. Joyeusement sommé de venir *danser sous les sunlights des tropiques*, là où *l'amour se raconte en musique.*

***

Coralie terminait son massage sur les tempes endolories de Tibor qui lui raconta tout : Boussoupha, les toilettes de Flora-Tristan qu'il avait éclatées pour se soulager, Habib, Franck, Sarah, Kader, la tuerie nocturne à plusieurs, la nature du service rendu. Et puis, X.

Elle écouta sans trop y croire au début, puis entendit. Elle n'avait pas pris la mesure de ses nuits. De la violence et de ce qui la précédait.

Tout ce qu'il finit par lui avouer se tenait. Elle connaissait son homme de l'intérieur et cette dégringolade lui ressemblait. Il allait falloir trouver une porte de sortie, car, de solution véritable, il n'y avait pas. Le sang appelait le sang. Et il allait y retourner, puisqu'il le fallait.

Pour l'heure, Tibor s'enferma dans la cuisine et fit bouillir les pois chiches qui baignaient dans l'eau froide depuis samedi. Puis il se mit à la découpe. Il commença par faire revenir des quarts de pomme de terre avec de fines rondelles de carottes, marinées dans l'huile d'olive saupoudrée de cumin, de poivre et de paprika.

Il ajouta les dés d'aubergines, des lamelles de courgettes, deux piments verts et des tranches de poivrons rouges, agrémentés de gousses d'ail écrasées et de juteuses tranches de tomates. Il remua de longues minutes dans son plat fétiche en terracotta, ajouta du concentré de court-bouillon, du gingembre râpé, des clous de girofle, des figues, des olives vertes, des feuilles de coriandre et une pointe de miel qui ferait la différence. Il ouvrit enfin le sac récupéré la veille chez Kader : tout y était, le ras el-hanout de la grand-mère Belkacem, la pâte d'arachide et le tube jaune de harissa du phare du Cap Bon. Il malaxa avec un peu d'huile et déposa la pâte au milieu du plat qui frémissait. Il n'y avait plus qu'à enfourner pour au moins une heure, mais, déjà, il pensait aux grains humidifiés du couscous qu'il parfumerait tout à l'heure avec un peu de poudre de cannelle et un zeste de citron vert.

Depuis qu'il était *serviteur,* Tibor était au centre.

Tout le pays avait une opinion sur celui qui n'avait été jusqu'alors que le spectateur d'une vie avançant sans grand frisson. Il observait, analysait, mais ne laissait aucune empreinte. Quand il agençait ses sauces et fusionnait les épices avec les bons condiments, il donnait par contre forme à tout un univers, fait de senteurs et d'arômes qui se montraient toujours à la hauteur du temps passé à les sublimer.

Soulagé d'avoir tout dit à Coralie, il redoutait la nuit approchante. La police enquêtait et Anthony

Boussoupha n'allait pas le louper. Et, dans quelques heures, Habib, Franck, Sarah et les autres.

En quittant la pièce pour laisser mijoter le tagine, il servit deux verres d'un vin blanc sec et fruité qui avait gagné leur préférence à l'hypermarché. Six mois que Tibor et Coralie y revenaient : des raisins qui poussaient en biodynamie, quelque part dans le Languedoc. Coralie l'attendait sur le canapé, un livre de science-fiction à la main. Une histoire de mutants amphibiens qui voyageaient dans le passé pour réécrire l'histoire d'une cité sous-marine nouvellement régie par un fascisme biogénétique. Il posa sa tête endolorie sur ses genoux et ils burent dans un calme apaisant. Le vin était frais, presque glacé, sa transparence revigorante. Coralie sirotait en caressant sa nuque endolorie, raidie par les coups et le manque de sommeil. Elle s'employait à le soulager avec son pouce et son index, appréciant à sa juste valeur la douceur de ses remerciements timides. Tibor avait l'âme généreuse et l'esprit sensible, tout ce qu'il venait de lui confier ne fit que le confirmer, mais il restait mal à l'aise avec les mots affectueux, rares et maladroits dans sa bouche. Ils ponctuaient en général une fin de cycle.

Il ferma les yeux et se mit à sangloter, comme un enfant trop fatigué pour arriver à s'endormir. Puis il pleura. Jamais Coralie n'avait vu une larme couler sur ses joues. Cela ne pouvait plus durer.

Elle pensa à Julien, à tous ces corps mutilés, au sang sur ses mains. Elle sanglota aussi, sans pouvoir non plus s'arrêter.

L'heure n'était pas aux prises de décision hâtives. Elle se reprit avant lui et le laissa se vider. Il s'effondrait, ils parleraient demain. Avant, ils dîneraient dans les senteurs de l'Algérie.

Le *timer* du four finit par retentir, mais ils continuèrent à se serrer fort, enlacés dans une étreinte qui les éloignait autant qu'elle les rapprochait. Au milieu d'un salon qui n'avait pas été aménagé pour recueillir autant de larmes.

***

Ce fut à peu près au même instant que Julia Simonelli, Manon Vivelet et Leïla Candermann arrivèrent dans le hall de la résidence étudiante. Elles avaient le souffle court, mais étaient fières de ce qu'elles venaient d'accomplir. Heureuses aussi d'avoir échappé au pire. Elles étaient juste un peu sales et épuisées.

Julia s'apprêtait à glisser la clef dans la serrure quand elle découvrit les scellés de la police sur la porte de leur appartement. De larges bandeaux de scotch rouge obstruaient le passage en formant des diagonales et des horizontales infranchissables.

Scellés.

Ne pas ouvrir.

République Française.

Il était un peu plus de vingt et une heures.

La nuit de novembre enveloppait Pelleport et Cléricourt d'un voile humide.

Lundi

Tibor frottait ses phalanges de façon frénétique dans le grand bac en grès blanc. Il insistait, passait le bloc de savon de Marseille sous les ongles, entre les interstices. Il s'assurait que ses pores s'imprègnent bien de cette odeur si caractéristique émanant du mélange d'huile de grignons d'olive, de soude et de sel marin qui, depuis le huis clos de l'entrepôt, sentait la fin de besogne.

L'excès de mousse blanchâtre visait moins à désinfecter qu'à se prémunir des relents de sang séché qui revenaient par surprise au mitan de la journée. Tibor s'appliquait à ne pas laisser de traces, à maintenir la plus grande distance possible avec ses victimes. Tout du long, il portait des gants en plastique, mais cela n'empêchait pas les coulées rebelles.

Tibor s'attelait à tenir la mort en respect. Suffisamment loin de ses doigts et du 45, rue des Roseraies. Depuis qu'il appartenait à la race de ceux qui décidaient du coup de grâce, il prenait la mesure de son irréversibilité. Tel était le bénéfice de ses nouvelles habitudes :

sens des proportions, précision éprouvée. Il devenait moins sentimental, plus chirurgical, gaspillait aussi moins d'énergie dans ces vaines hésitations qui n'étaient qu'un atermoiement infantile supplémentaire. Pour le reste, il n'arrivait pas à encaisser ce que charriait le dernier râle avant que la tête ne tombe. La résonance du crâne s'écrasant contre le dur du sol ne passait pas, même s'il connaissait la rengaine : le mal était nécessaire.

À ses côtés, Habib rinçait ses membres souillés à l'eau trouble, des paumes jusqu'au coude. Il avait exécuté sa part avec la minutie attendue. Ils se regardaient à peine, restaient concentrés sur le lavage. Quand on ôtait la vie ensemble, on développait des réflexes communs ; les rituels hygiéniques s'instauraient par imitation, sans remords apparents. Ils n'éprouvaient pas le besoin de converser, simplement tenus par ce qu'ils venaient de commettre. Ce que Tibor et Habib partageaient se passait de mots, de ces approximations langagières bien trop humaines pour dire la crasse. La tuerie faisait exister une muette camaraderie, physique et immédiate.

Ils se connaissaient au fond assez mal, en savaient peu les uns sur les autres, mais partageaient un objectif identique, souffraient des mêmes nécessités. Habib devait avoir la cinquantaine bien tassée et parlait peu. Solitaire, il ne donnait pas l'impression d'avoir une famille à nourrir.

Sarah vivait seule avec ses jumeaux d'une dizaine d'années, croyait se souvenir Tibor. Elle avait l'humeur facilitante et le verbe fleuri, parvenant à faire passer les moments les plus atroces avec des phrases justes parce que drolatiques. Contrairement à Habib, elle n'était pas technicienne mais peu appliquée et s'y reprenait souvent à plusieurs fois. Elle avait ce surplus de légèreté, excessif et contagieux. Franck était nerveux, acharné, semblait parfois prendre du plaisir. Ils tuaient différemment, mais pour les mêmes raisons, s'entraidaient sans rien exiger les uns des autres en s'adaptant à l'âpreté des situations.

Aujourd'hui, ce fut le cou. Il résista, ce n'était pas explicable : Tibor avait tranché exactement comme il y a deux jours. Mais la vie, cette fois-ci, voulait poursuivre son cours. Habib comprit et maintint le corps récalcitrant avec ses mains burinées, étouffant la rébellion afin que Tibor puisse en finir. Hurlements, débattements, implorations. Franck fit taire la victime d'un coup sec porté au ventre et prêta main-forte à Habib. Ils décapitèrent ainsi, à trois contre un. Ils n'en reparleraient jamais plus, de ce dernier cri d'agonie qui fila d'entre leurs doigts pressants pour s'écraser contre les parois de l'entrepôt.

Durant cette dernière exécution malhabile, Tibor se laissa griser par la théâtralité des gestes et du lieu. Il imaginait déjà la teneur des messages destinés à ses huit cent mille abonnés, tous les *likes* à venir. Peut-être ces distractions passagères expliquaient-elles le manque d'efficacité. Il n'était en tout cas pas sans effet, ce soudain pouvoir sur le monde. Le pays s'interrogeait et le Président venait de faire une déclaration impromptue depuis son lieu de villégiature. On condamnait, on enquêtait : Franck, Sarah, Habib et Tibor importaient.

On les jugeait sans savoir et cela continuerait ainsi jusqu'à ce qu'ils se fassent prendre. Car il n'y avait pas de doute sur le fait qu'ils allaient tomber. Cléricourt était sous surveillance. La police, c'était son métier, se rapprochait. Il en ferait d'autres, des faux pas. Jusqu'à entraîner tout le monde dans sa chute. Mais Tibor savait : les camarades ne lui en voudraient pas.

***

Sous l'habitacle bleuté de sa Golf, garée sur la place des Hauts-Marronniers, Tibor ouvrit son VPN et se connecta depuis Mexico. Le *serviteur* testerait son audimat sur un nouveau continent. Tibor fit défiler les commentaires et constata le changement de ton. Le revirement s'expliquait par le retour des trois étudiantes. La police procédait encore aux interrogations, mais on savait qu'elles allaient bien. *Le serviteur* était officiellement innocenté, soixante-neuf mille soixante-trois posts accusateurs implosaient. Un nouveau match démarrait.

Un mème phagocytait les messages du jour, closant l'affaire des trois étudiantes avec un strass inattendu. La scène de douze secondes, diffusée la veille au matin en direct à la télévision, tournait en boucle depuis dimanche mais Tibor, trop occupé à asséner des coups de tête à Anthony Boussoufa, n'en avait rien su. La surprise ne fut pas pour lui déplaire.

Il s'agissait d'un extrait solo d'Éric de Mauer, l'éditorialiste à face de muridé, sur le plateau de son *talk-show* dominical, *Valeurs contre valeurs*. Douze secondes durant lesquelles il vitupérait en exhibant son corps malingre, rabougri par ses prises à parti permanentes. Ce jour-là, il avait théorisé le complexe d'infériorité de l'homme arabe vis-à-vis de l'intelligence de la femme française. Cette donnée psychopathologique était essentielle ; elle était la matrice anthropologique. De Mauer l'annonçait : les décapitations barbares étaient une réponse grégaire à la castration intellectuelle subie par des mâles infériorisés qui pullulaient dans les cités comme celles du Bois-Vert. Elles défiguraient le pays, abritaient une surpopulation dont l'émasculation menaçait l'avenir de la femme, surtout quand elle était libre, diplômée et gauloise. Julia Simonelli, Manon Vivelet et Leïla Candermann étaient plus que des martyres ; elles étaient les amazones égorgées de la République.

Éric de Mauer s'emballait, suintait, expurgeait une transpiration adipeuse qu'évacuait sa peau reluisante de colère. Il proposait d'immortaliser leur buste protubérant dans toutes les mairies de France et d'en faire les Mariannes du siècle nouveau. Il termina en pleurant d'une rage prophétique sous un tonnerre d'applaudissements et de sifflets contradictoires qui faisaient la marque de fabrique de son émission. Il vivait son grand moment, persuadé d'avoir lancé un mouvement de résistance en officialisant ses trois totems.

En tirant aussi fort sur la corde de la rhétorique, De Mauer avait réussi la prouesse de résumer la quintessence de ses obsessions intimes en quelques secondes. Mais, à la lumière des faits du jour, ce condensé de grandiloquence causait sa perte. Ces douze secondes de pleurs patriotiques étaient devenues virales : elles le définissaient. On y ajoutait des émojis, de la musique pompière, des surimpositions. Ces secondes exfiltrées vivaient leur vie de mème, magnifiant ces mots qui ne suffisaient plus quand on pouvait uploader des gesticulations aussi parfaites que celles de De Mauer dans le corps d'un SMS. Ce mème convoyait un mélange unique de sensations entremêlées : *mensonge, ridicule, arrogance, fantasme, haine, petitesse.*

Les ambitions expansionnistes d'Éric de Mauer s'étaient ainsi évaporées en croisant la route de Tibor Gabory. Lui qui aspirait à occuper les plus hautes fonctions politiques avait retrouvé sa place d'idiot inutile. Cette victoire collatérale emplit Tibor d'une joie qui, après le tour incertain de la dernière décapitation, était bonne à prendre. De Mauer payait pour tout le monde.

Mais une fois le bouffon jeté en pâture, la métaphysique des posts demeurait. *Qui ? Où ? Quoi ? Quand ?*

Comment ? Pourquoi ? Les questions n'étaient pas résolues.

Tibor *servait*, point à la ligne : ses abonnés avaient la clef mais refusaient de l'utiliser. Avec les trois étudiantes revenues à bon port, ils y seraient bientôt contraints.

Depuis le serveur basé à Mexico, il précisa.

Nous sommes repartis au combat.
Comme à chaque fois.
Tuer la nuit, jusqu'au petit jour.
Pour vous servir.
Encore, toujours.
Nous décapitons pour que vous restiez aveugles.
Sans tête, il est plus facile d'être sans cœur.

Tibor était satisfait de sa prose. Lyrique, mais pas trop. Il s'améliorait, se prenait au jeu d'un commerce des mots qui disait de mieux en mieux le fond de sa pensée. Il avait l'humeur justicière et la disgrâce d'Éric de Mauer agissait comme un puissant excitant. C'était le moment de passer à l'offensive.

Lâchez Cléricourt.
Lâchez les pauvres.
Lâchez les musulmans.
Lâchez Julia.
Lâchez Leïla.
Lâchez Manon.

Cherchez les corps sans tête.
Sous la lumière de midi.

Vous y trouverez la vérité.
Toute la vérité.
Rien que la vérité.

***

Bertrand Francine perdait patience. Il ruminait, agacé, dans le petit bureau du commissariat de Cléricourt cédé par les collègues le temps d'interroger les deux gars du Bois-Vert. On en était bientôt à vingt heures de garde à vue et il patinait. Le *serviteur* continuait de sévir et il n'avait rien contre Kader Belkacem et Alassane Ben Mabrouk, même s'il restait persuadé que ces deux types étaient plus proches du recherché qu'ils ne voulaient l'admettre.

Kader avait contre lui son attitude, Alassane son passé, mais Bertrand Francine avait assez d'expérience pour savoir qu'il n'avait même pas un faisceau de concordances. Son travail consistait à empiler des faits et il restait coincé dans le virtuel. Exactement là où le *serviteur* et sa bande avaient voulu l'enfermer.

Justine était rentrée hier soir : elle avait bien ri avec ses copines. Bertrand Francine perçut, au travers du son feutré émanant du combiné, sa joie retrouvée, ample et contagieuse. Elle tira vers la désinvolture quand il s'excusa pour le café sur la moquette. Elle se contrefoutait de la tache sur le tapis effiloché qu'elle ne supportait plus : l'occasion était parfaite pour s'en débarrasser et cirer le vieux parquet en chêne que cachait depuis une trentaine d'années la fibre synthétique. Un accident domestique avait suffi à ce qu'elle accède à une requête qu'il formulait depuis près de dix ans et qui, à force d'être tournée en dérision, avait été rétrogradée en blague de fin de repas. Bertrand esquissa un sourire muet que Justine ne put deviner et lui confirma qu'elle pouvait procéder à la mue du sol du salon. Il resterait à Cléricourt tant qu'il serait empêtré dans cette enquête. Il y avait tout de même de quoi se réjouir : les trois étudiantes étaient saines et sauves, on les interrogeait en ce moment même.

La cellule informatique auscultait le portable de Kader Belkacem. Rien d'extravagant, si ce n'était une connexion aux posts du *serviteur via* son compte X personnel, *@KaderBelka*, qui faisait office de fil d'information : on y suivait les états d'âme d'une centaine de personnalités sportives et artistiques ainsi que l'avis autorisé de quelques amis plus ou moins bien informés. Kader ne publiait pas, retweetait peu. Il était l'une de ces millions de petites caisses de résonance qui, en se tenant simplement au courant de l'air ambiant, en tout cas de celui qu'il estimait respirable, assurait la pérennité du réseau social. Samedi à dix-huit heures trois, il avait passé quarante-sept minutes à faire défiler les commentaires affichés sur le compte du *serviteur*, tout juste après la visite de la police. Bertrand entendait déjà les avocats : ce mouvement d'attention n'avait rien d'anormal.

Il suivait le train d'une curiosité initiée par l'enquête et entretenue par près d'un million de *followers*.

Les SMS n'étaient pas plus accusateurs : des échanges avec sa famille dans la journée de samedi pour une soirée de retrouvailles chez sa sœur ; des messages envoyés aux camarades du club de foot ; quelques rappels destinés aux salariés du centre Aimé-Césaire. Et, durant la perquisition, une présence attestée à une compétition de futsal qui s'était mal terminée. La faute à l'un de ses coéquipiers : la déposition de l'arbitre au commissariat de Pelleport, un certain Anthony Boussoupha, donnant de plus amples détails.

Kader Belkacem n'avait pas cherché à leur échapper ; il était revenu au Bois-Vert la fleur au fusil. La garde à vue faisait peut-être même partie d'un plan tactique. Les faits le dédouanaient, même si son comportement incitait Bertrand Francine à la rallonger. Kader n'aimait pas la police, inversait les rôles, jouait au directeur. Il posait les questions et attendait des réponses.

Pourquoi les Peupliers ?

Pourquoi le Bois-Vert ?

Pourquoi autant de policiers ?

Pourquoi cet acharnement ?

Pourquoi nous ?

Bertrand Francine le relança sur les trous dans son emploi du temps des cinq derniers jours, mais Kader tenait bon depuis vingt et une heures.

***

Quarante-quatre ans de boutique et Rosa Maria João n'avait jamais vu ça : la presse du jour écoulée en une matinée. Tout Cléricourt voulait savoir pour le *serviteur*, le Bois-Vert, le coup de sang de Berthier, le retour des trois étudiantes. Et la radio qui venait d'annoncer une autre décapitation. Rosa Maria monta le son, puis tressauta.

Lâchez les pauvres. Lâchez les musulmans. Lâchez Cléricourt.

Les experts continuaient à décortiquer les mots du *serviteur* en enfilant de nouvelles perles sur leurs colliers de théories. On n'entendait plus en revanche les perdants du week-end, ceux qui comme De Mauer avaient tout misé sur la mort des étudiantes.

Rosa Maria avait passé une commande supplémentaire de journaux et prenait les réservations. Le regain d'intérêt pour son commerce suscitait une joyeuse excitation que Tibor ne lui connaissait pas, bien qu'elle se montrât tout aussi terrorisée par l'idée d'une proximité physique avec les meurtriers. Tibor se rendait-il compte que leur vie était à portée de couteau, que des assassins traînaient dans les parages ? Peut-être y avait-il un charnier avec des têtes empilées juste à côté ?

Rosa Maria insistait : il s'agissait de gens que l'on avait croisés.

Tibor n'eut pas le courage de la contredire, ni de la titiller comme à l'accoutumée. Il restait ce matin trop peu de place pour la malice. Tout juste se contenta-t-il de l'écouter déverser son dégoût. Il n'aurait pas su par où commencer : tout était si faux dans ses demi-vérités. Il acquiesça mollement, ce qui suffit à raviver l'humeur bavarde de Rosa Maria.

Elle lui avait, bien sûr, mis de côté *L'Équipe* qu'elle accompagna de trois autres titres avec un air entendu : *Le Courrier Cléricourtois*, *Libération*, *L'Humanité*. Rosa Maria et Tibor avaient leurs divergences, d'opinions et de caractères, mais ils formaient une paire complice. Il ne serait jamais venu à l'esprit de Rosa Maria de moquer les sympathies politiques de son client préféré. À force de distribuer l'ensemble du spectre des idéologies parcourant le pays, elle avait fini par relever l'immense différence, au demeurant mystérieuse, entre les idéaux imprimés et la valeur des personnes qui s'en réclamaient : Tibor penchait à gauche mais il était bon garçon.

Il prit ses quatre journaux et paya en pièces jaunes. Comment s'y prendre pour concilier l'affection profonde qu'il lui portait, le mépris que lui inspiraient des préjugés qui tordaient la réalité dans la seule fin de perdurer, et ce que Coralie et lui savaient, à l'heure où le pays entier recherchait son identité ?

Merci pour tout, Rosa Maria fut le plus court chemin pour établir un compromis de circonstance.

Il plongea tout de même dans *Le Courrier Cléricourtois* à haute voix en détaillant le contenu des premières pages. Rosa Maria appréciait quand il prenait le temps de lire la une avec sa voix calme et généreuse. Elle ne le lui avait jamais dit mais, souvent, au cœur d'un désaccord naissant, cet exercice suffisait à la faire changer d'avis. C'était en général le moment qu'elle choisissait pour s'adonner à une pause-café dans l'arrière-salle. Mais aujourd'hui, Tibor accéléra de manière surprenante en découvrant la cascade des événements : la perquisition au Bois-Vert ; la déclaration lunaire de Sébastien Berthier ; les gardes à vue d'un ancien détenu et du directeur du centre d'animation.

Kader Belkacem faisait la une du *Courrier Cléricourtois.*

Le journaliste s'interrogeait sur sa probité, allant jusqu'à questionner le bien-fondé de ses missions éducatives. Tibor dut reprendre la lecture par deux fois, précisant à Rosa Maria que Kader était un ami, un vrai. Les insinuations du journal étaient scandaleuses et si le *serviteur* sévissait, Kader n'y était pour rien. Rosa Maria n'eut que deux « oh là là » vrillés à rétorquer, ponctués par un « mon Dieu » erratique : la proximité tant redoutée apparaissait, accoudée au comptoir.

Tibor poursuivit en parcourant la couverture de la perquisition qui avait fuité dans les grandes largeurs. *Libération* et *L'Humanité* s'indignaient du sort réservé à une centaine de familles sur lesquelles les charges étaient nulles. Victimes d'un double délit : adresse, faciès. Les photos prises en vue aérienne rendaient compte de l'indignité du parquage. Les éditos ne mâchaient pas leurs mots : les clichés rappelaient les heures les plus sombres de l'histoire nationale et la police se couvrait de honte. Elle singeait une rafle pendant que le carnage continuait. Les images de l'humiliation d'une population innocente et encerclée, épaulée par un maire qui faisait dorénavant scandale, rappelait cette évidence : jamais le racisme ne saurait constituer une réponse face à la menace terroriste.

Selon la presse consultée par Rosa Maria, on louait au contraire le professionnalisme des forces de l'ordre. *Le Figaro* soulignait combien il paraissait improbable que le *serviteur* ait pu sévir sans complicité intérieure, surtout s'il avait grandi au sein d'un territoire perdu. Rosa Maria acquiesçait : les suspects se prénommaient tout de même Kader et Alassane.

Gauche, droite ; rien ne changeait. Tout le monde avait tort en étant persuadé d'avoir raison. Tibor, Sarah, Franck et Habib décapitaient, les opinions s'embourbaient. Comme une délivrance, le téléphone de Tibor sonna.

Il décrocha à l'extérieur, adressant au travers de la vitrine des au revoir chaleureux à Rosa Maria. Un agent du commissariat de Pelleport à la voix grave et au ton officiel lui indiquait qu'il allait recevoir une convocation pour une audition en fin de semaine, mais qu'il pouvait se présenter dès cet après-midi afin d'être entendu. Cela ferait gagner du temps à tout le monde. Ils avaient un créneau à lui proposer d'ici deux heures. Tibor accepta.

Il tenta de joindre le capitaine Kader par acquit de conscience. Par trois fois, le répondeur.

***

Julia Simonelli, Manon Vivelet et Leïla Candermann répétaient leur version des faits. Rien ne variait, tout se tenait. Elles parlaient d'une seule voix, sans se dédire ni se contredire. Une heure que Paul Lavezzi était convaincu par leur vérité, sage et millimétrée. Il s'appliquait pourtant à reposer les mêmes questions. Trop d'attention portait sur les trois gamines pour ne pas sortir de la déposition sans une narration limpide. La synthèse des propos tenus entre les murs du commissariat de Pelleport serait bientôt reprise dans les communiqués ministériels. Paul Lavezzi s'apprêtait à mettre une fin abrupte à trois jours de traque médiatique. La répétition visait à s'assurer d'une précision maximale.

Julia, Manon et Leïla, qui n'étaient pas du genre à désobéir, racontèrent à nouveau leur histoire. Pour la onzième et dernière fois.

Ce vendredi, elles avaient sauté le pas. Elles en parlaient depuis longtemps, en ressentaient la nécessité. Mais, comme pour chaque première fois, elles redoutaient les conséquences. C'est Julia qui proposa. Si c'était cela que voulait clarifier l'agent Lavezzi, elle se déclarait seule responsable. Les partiels approchaient et c'était – Manon et Leïla étaient d'accord – le moment de se lancer. Elles se feraient oublier et oseraient. Elles savaient trop bien ce que les filles acceptaient depuis le rose du berceau, la passivité comme un art de vivre. Ensemble, elles s'autoriseraient. Elles n'avaient pas cherché la lumière, encore moins désiré se retrouver réduites à un hashtag. Elles étaient allées jusqu'au bout, sans prévenir personne.

Deux mois pour organiser ce week-end de détox que certains qualifiaient de survivaliste mais qu'elles rangeaient plutôt du côté d'une sobriété retrouvée. Le mot était galvaudé, il s'agissait plutôt de retourner vers l'enfance.

Alors, être associées à ces histoires de décapitations, de guerre et d'armée en marche, cela salissait tout. Elles n'avaient rien à voir, ni de près ni de loin avec ces messages sordides, du moins le croyaient-elles. Vendredi à quinze heures précises, elles avaient coupé la connexion.

Elles avaient marché jusqu'à la forêt des Hauts-Plateaux en lisière de Pelleport. À huit kilomètres de leur résidence, elles avaient repéré une clairière, au bout d'un chemin caillouteux. Julia, Manon et Leïla étaient équipées : tente, sac à dos, bidons, bonbonnes, conserves, kit médical. Elles avaient anticipé les grillades, les nuits froides, le soleil, la pluie, le vent. Elles avaient guetté les changements dans la météo, empaqueté quelques livres – deux par personne, c'était la règle. Elles seules et personne d'autre, aux prises avec les éléments et la lumière naturelle. Elles avaient exploré et s'étaient endormies chaque soir sans lire le moindre mot.

Elles avaient fait le vide pour se remplir à nouveau. Fini le flux des notifications, les brusques montées d'endomorphine, le commerce des émotions à portée de doigts, accessibles sur un écran tactile qui, d'aussi loin qu'elles pussent s'en souvenir, prolongeait leur corps. Alors, oui, c'était ironique, de s'être préparées à ce regain de liberté à coups de tutoriels en ligne.

Jamais elles n'avaient entendu parler du *serviteur*. Jamais elles n'avaient été prises en otages. Elles s'étaient juste retirées sans prévenir.

***

Bertrand Francine et Paul Lavezzi croisèrent leurs résultats : il était clair que les deux types de Cléricourt ne se fréquentaient pas et qu'ils n'étaient pas non plus reliés aux trois étudiantes. Ils échangèrent d'un commissariat à l'autre et la conclusion s'imposa : excès de confiance.

À Cléricourt, les deux gardes à vue touchaient à leur fin et Bertrand Francine s'en voulait. Il n'avait rien à reprocher à Lavezzi qui avait fait le job à Pelleport. La disparition des étudiantes relevait de ses compétences ; les familles avaient appelé son commissariat et il avait suivi le protocole, géré l'angoisse et l'enquête en professionnel. Elles avaient bel et bien disparu. De leur plein gré, en petites connes parfaitement préparées. Personne ne pouvait l'incriminer pour ces trois jours sans nouvelles. Et concernant les premières prises d'information sur le *serviteur*, il avait été plutôt bon. Le peu de concret dont ils disposaient, il le lui devait.

La colère du commissaire général se dirigeait contre lui-même : lui, à qui l'Intérieur était redevable de quatre attentats déjoués au cours des six derniers mois, avait failli. Il avait été mauvais, sûr de leur force de frappe, mésestimant l'intelligence stratège du *serviteur*. Depuis le début, celui-ci les manipulait et recherchait l'exposition médiatique. Bertrand Francine était tombé dans tous ses pièges jusqu'à lui servir un *prime time* sur un plateau-repas. En cette fin de matinée, il se rendait à l'évidence : en ayant voulu faire vite et bien, il avait trahi ses fondamentaux – patience et recoupement.

Il lui fallait tout reprendre.

Un. Le *serviteur* annonçait une armée en marche.

Bertrand Francine était désormais enclin à penser qu'ils étaient en effet plusieurs à opérer mais que l'on restait sur de petits nombres. Il y aurait eu sinon davantage de fuites. Le secret était trop bien gardé.

Deux. Le *serviteur* culpabilisait son auditoire avec un jeu de piste.

C'était dans ses coups de semonce ludiques que se cachait le motif. Il entretenait un lyrisme qui tranchait avec les revendications habituelles, généralement peu enclines à cultiver l'ambiguïté. La forme importait autant que le fond, et Bertrand Francine ne saisissait pas ce que recherchait l'esthète en feuilletonnant. Quelque chose ici lui échappait.

Trois. Le *serviteur* disait décapiter, mais ils n'avaient pas retrouvé le moindre corps.

Si un criminel pouvait un temps esquiver la traque, ses crimes lui survivaient et finissaient par parler à sa place. Soit le *serviteur* mentait. Soit il s'attaquait à des individus dont l'absence n'éveillait aucun soupçon. Bertrand Francine ne croyait pour autant pas à la thèse de l'affabulation. Quelque chose, dans le ton comme dans les mots, sentait le vécu et la mort fraîche. Il fallait se décentrer, penser victimes, imaginer quelles pouvaient être ces personnes dont on ne se souciait pas encore. Une population étrangère ? Un groupe dont on n'attendait aucune nouvelle immédiate ? Des individus isolés qui manquaient encore à l'appel ?

Bertrand Francine gardait confiance : des surdoués, il en avait renversé. Mais il lui fallait un minimum de latitude pour les prendre à revers. Le problème, c'était que, depuis le début, il courait après le politique. Le *serviteur* attisait les foules et le gouvernement attendait des avancées pour contre-argumenter. Mais il ne savait pas travailler sur le devant de la scène. Il avait enchaîné les mauvais choix avec une perquisition suicidaire et maintenant cet incident avec le jeune maire qui n'arrangeait rien ni personne.

Quatre. Le *serviteur* avait tout planifié.

Bertrand en était convaincu. Il avait provoqué leurs mouvements et souhaité leur intervention. Il s'était posé vendredi aux Peupliers dans le but de se faire repérer.

On entrait dans la tour comme dans un moulin à vent. Bertrand aurait dû considérer cette possibilité qui désormais s'imposait. Il voyait la scène : le serviteur connecté aux Peupliers, sans y habiter. Bertrand avait péché par excès de vitesse et continuerait à dégringoler sur le terrain miné de ce genre d'accélérations.

Cinq. Le *serviteur* fonctionnait par séquences.

Il venait de faire une pause de deux jours, les laissant mariner dans le jus de la perquisition. C'était comme avec les étudiantes : depuis le début, elles n'avaient été qu'un contre-feu, un heureux cadeau du hasard. Il n'avait pas démenti, entretenant la confusion. Il attendait son moment.

Six et fin. Le *serviteur* excellait.

Mais les meilleurs finissaient aussi par trébucher.

***

Alassane Ben Mabrouk regardait l'horloge : il avait gagné. Vingt-trois heures passées sans leur adresser la parole, en chantonnant des prières en arabe face à une vitre teintée, en toute légalité. Il n'aurait pas su dire si ses motivations tenaient du *haram* ou du *halal*, il aurait fallu pour cela consulter les oulémas. La question du bien et du mal ne se posait de toute façon pas, il profitait. Il ne comprenait pas ce qu'ils recherchaient et jouissait du rare privilège d'avoir les faits pour soi. Il prenait sa revanche sur l'adolescence, voyait dans la mine déconfite de Bertrand Francine une victoire tardive sur la loi des origines et l'implacabilité du destin. Il lui restait une heure pour bien leur faire sentir : il était ici chez lui, blanc comme neige.

Les flics cherchaient un téléphone, il n'en possédait pas, l'équation était simple. Depuis sa sortie de prison,

Alassane avait coupé les ponts, conscient du pouvoir de nuisance de ces SMS qui incitaient à replonger. Repartir à zéro passait par le fait d'être injoignable, au moins pour un temps. Seule comptait Samia. Farida habitait juste à côté : ils n'avaient pas besoin de se téléphoner pour endosser un costume de parents responsables. Ils avaient aménagé l'emploi du temps dont il avait manqué pendant son enfance et il s'en remettait à Farida. Elle gérait, il respectait ses horaires qui avaient un goût grisant de liberté. La police avait épluché l'historique du navigateur de son PC : des recherches d'emploi, des prêches en ligne, des forums religieux, des blogs de père célibataire, quelques sites pornographiques. Alassane Ben Mabrouk semblait bien se comporter comme celui qu'il disait être.

***

Un jeune policier chabin aux traits paradoxaux fit entrer Tibor dans la petite salle d'interrogatoire du commissariat de Pelleport. Ses yeux vert clair et son nez aquilin contrastaient avec sa peau brune et des cheveux qui, malgré un rasage façon caserne, frisaient vers une coupe afro que l'on imaginait pousser sans peine. Patrice Millet prenait la déposition en y mettant les formes adéquates : vouvoiement, prise d'empreintes, vérification d'identité, exposé de la situation. Le gardien de la paix martiniquais indiqua : ses collègues avaient enregistré la veille une plainte pour coups et blessures volontaires de la part de monsieur Anthony Boussoupha. Les témoins étaient nombreux.

Tibor reconnut avoir perdu son sang-froid. Patrice Millet comprenait sans excuser. Il savait ce que le sentiment d'injustice pouvait avoir d'excessif. Après avoir retranscrit ses propos, concordants en tout point avec la version de la victime, il expliqua la suite de la procédure. Monsieur Boussoupha irait faire constater ses blessures par un médecin. Au vu de ce qu'ils avaient pu déceler hier, une incapacité de travail inférieure à huit jours était probable. Cela se conclurait dans ce cas par une amende de mille cinq cents euros.

Un mois de salaire parti en quatre coups de boules, Tibor avait fait fort. L'agent Millet agréa et lui conseilla de se faire suivre par un spécialiste pour éviter toute récidive. Tibor signa sa déposition, puis quitta le commissariat de Pelleport contrarié. Déçu de ne pas avoir entraperçu Kader. Vexé aussi de ne pas avoir été questionné sur le *serviteur*.

Accablé par le montant de l'amende, il ne remarqua pas le petit attroupement autour d'un quinquagénaire moustachu et bedonnant. Julia Simonelli, Manon Vivelet et Leïla Candermann sortaient d'une pièce adjacente, raccompagnées auprès de leur famille par Lavezzi. Tibor n'écouta pas ce qu'il prit pour des conciliabules adolescents mais, s'il avait pris la peine de lever la tête, il aurait reconnu sans peine ces trois visages qui avaient envahi Internet. Il pensait à Kader, à ce qu'il allait dire à Coralie pour l'argent. Dix minutes plus tard, toutes les voitures avaient quitté le parking visiteur.

***

Comme à chaque fin de journée, Patrice Millet classait les dossiers en cours. Parfois, les choses arrivaient sans frapper à la porte. Il suffisait d'un coup de téléphone. Le sien vibra dans sa poche droite. Le haut-commissaire Bertrand Francine l'appelait pour le féliciter personnellement : grâce à sa diligence, il y avait du nouveau dans l'affaire du *serviteur*. Les algorithmes du fichier central avaient alerté les enquêteurs d'un *match* entre des empreintes décadactylaires scannées par ses soins dans la journée et un ensemble de traces papillaires relevées quelques jours auparavant à Cléricourt dans les toilettes de la médiathèque, sur le clavier du poste numéro huit et dans l'appartement d'un suspect placé en garde à vue, au dixième étage des Peupliers dans le quartier du Bois-Vert. La biométrie était formelle, l'accentuation des images et l'extraction des traits caractéristiques ne laissait aucune place au doute. Les collègues de la police scientifique avaient trouvé pas moins de quinze points de minutie identiques. À ce niveau de précision, on baignait dans la certitude.

Le suspect était un homme de type caucasien. Il n'avait aucun casier judiciaire et allait sur ses vingt-huit ans.

Patrice Millet le remettait tout à fait.

Il répondait au nom de Tibor Gabory, jouait au foot et distribuait des coups de boule.

Mardi

Depuis dimanche, Sébastien Berthier ne répondait plus aux sollicitations. Il avait pris quelques jours de congé afin de rester confiné avec Bérénice dans la maison bourgeoise qu'ils avaient achetée quatre ans auparavant, lors de leur arrivée à Cléricourt. L'enduit taloché de ses murs gris anthracite soulignait la blancheur saillante des pierres de taille, définissant les angles fiers d'une structure massive. Avec son jardin de chrysanthèmes et sa contre-allée pavée, elle s'imposait, en plein centre-ville, entre deux maisons ouvrières récemment rénovées. Tirés avec soin, les rideaux beiges protégeaient ses fenêtres des regards insistants.

Un petit attroupement posté en face du 56, rue Jean-Moulin observait. Sûrs de leur stratégie, une dizaine d'envoyés spéciaux guettaient la sortie prochaine du maire de la ville.

Comme à chaque fois qu'il affrontait un vent contraire, Sébastien tergiversait. Bérénice le rassurait sur les options à disposition et la rectitude de ses positions. Elle n'était pas femme à le contredire, bien qu'elle eût toujours son mot à dire dans les grandes décisions familiales et qu'elle menât bien mieux que lui sa barque dans ce jeu tortueux qu'était devenu leur couple. Il avait agi avec cœur et à l'instinct, voilà tout. Cela ne lui ressemblait certes pas, mais le cours des événements avait été particulièrement désobligeant. Il y avait eu là une forme d'exigence, peut-être même du courage, osa Bérénice avec des yeux intrigants au fond desquels Sébastien aurait pu saisir les braises d'un feu naissant. Au lieu de quoi, il soupira, laissant filer la flamme furtive qui traversa le corps de sa femme. Bérénice était gentille, mais il avait été au mieux téméraire. Ils pouvaient dire adieu à sa carrière de député.

Son coup de folie avait fait le tour du monde ; on s'en repaissait aux États-Unis, en Belgique et au Liban. Le parti l'avait lâché, dans un florilège de condamnations publiques accompagnées d'une procédure disciplinaire lancée en grande pompe. Sébastien Berthier n'était pas préparé aux ruptures fracassantes, encore moins à la folie des grands soirs. Il était en responsabilité permanente, adonné à un sérieux protocolaire qu'il manifestait jusqu'au fond de la couche maritale. Il était aujourd'hui démuni, ne disposant d'aucun contre-discours pour magnifier ce qu'il venait de faire au Bois-Vert. Il s'était déporté sans plan ni boussole.

Le ton était monté avec les policiers à mesure que la procédure malmenait les convenances les plus élémentaires. Paulo avait servi trois tournées de café-chocolat avec son humeur joviale mais le moment ne se prêtait pas aux mises en boîte festives. La police retournait les étages, les meubles en aggloméré cédaient sans résister et les moyens municipaux atteignaient leurs limites. Les enfants patientaient en silence ; une pression sourde montait au sein de l'encerclement à ciel ouvert. Berthier désapprouvait. Pour la toute première fois, un sentiment qui n'avait été jusque-là rien de plus qu'un peu de boue sur de la théorie lui transperçait la poitrine. Injustice.

Il avait visité des dizaines d'appartements au Bois-Vert durant sa campagne électorale pour prendre le pouls de la population : Cerisiers, Noisetiers, Marronniers, Rosiers, Tilleuls, Sorbiers, Platanes. Outrepassant la prime sensation coupable de s'adonner à un voyeurisme indiscret, il avait cru percevoir, à l'aide des associations l'ayant introduit auprès d'habitants volontaires, ce qui faisait tenir ces familles dont il comptait obtenir les faveurs électorales. Elles offraient le café dans des intérieurs qui optimisaient chaque mètre carré et aspiraient juste à la conformité. Leurs enfants passaient devant : ils étaient le présent et annonçaient les lendemains qui chanteraient.

Il réalisa, au gré des confidences lâchées sur le pas de la porte, que l'enfer, c'était les autres : les voisins qui faisaient trop de bruit, les gamins sans parents dans les halls, les nouveaux venus, les clandestins qui ne parlaient pas la langue. Tous ceux qui allaient vous prendre ce à quoi vous aviez droit sans même le savoir. Et les heures pointées, perdues sur la chaîne de production, passées à déstocker les dépôts, à ripoliner les surfaces ou à livrer des colis dans un temps imparti sur Internet donnaient aux plus loquaces un crédit que Sébastien Berthier comptait défendre. Il était sorti en tête dès le premier tour au Bois-Vert avec un score talonnant le taux d'abstention.

Alors il comprenait, en ce dimanche matin, que les fouilles au corps et les retournements de penderies remettaient les compteurs à zéro. Elles abolissaient les frontières nécessaires, dans un quartier où, malgré le poids des années passées à vivre ensemble, personne ne souhaitait s'établir. La perquisition générale niait toutes les hiérarchies qui faisaient le sel d'une existence au rabais où les fins de mois déterminaient l'humeur du jour.

Les regards des hommes imploraient. Sébastien Berthier commença par s'interposer entre les habitants les plus virulents et les policiers les moins disposés à laisser couler le grondement grandissant. Paulo n'avait plus ni café ni chocolat : il fallait que cela cesse. Alors il éleva la voix, au nom de celles et ceux qui l'avaient élu, exigeant l'arrêt immédiat de la perquisition et hurlant au scandale. Sébastien Berthier eut soudain des ailes, peut-être même quelques griffes. Les caméras posées tout autour attendaient une action qui ne venait pas et se mirent à tourner.

Il s'opposa frontalement à Paul Lavezzi qui lui conseilla de ne pas faire obstruction à la loi et de s'en tenir aux conventions protocolaires. Sébastien Berthier lui balança de grands mots qu'il jugea pertinents – *trahison*, *disproportion*, *considération*, *discrimination* – et rappela que la loi, c'était aussi lui.

Tout maire qu'il était, Sébastien Berthier fut mis en demeure de stopper ses protestations imbéciles. L'outrage ne tenait qu'à un fil. Paul Lavezzi ne le répéterait pas une troisième fois.

Ce fut à ce moment très précis, quand la prévenance corporatiste du commissaire divisionnaire laissa place aux menaces personnelles, que Sébastien Berthier sentit combien il était engoncé dans son écharpe tricolore, combien elle l'empêchait.

Il la détacha d'un geste déterminé, la piétina, puis la déchira. Il éructa en quittant le cercle de la honte, pointant du doigt chaque fonctionnaire de police. Trente-cinq secondes intenses de craquage filmées par sept chaînes de télévision sous quatre angles différents. Le drapé de la République écrabouillé par un jeune édile impertinent sous pression populaire.

Sébastien Berthier avait dérapé. Il s'en remettait à Bérénice qui, malgré la perfection de sa mise en pli, ne savait pas plus que lui où la tourmente allait les emporter. Elle passa sa main droite dans ses cheveux fins, tira sur ses longues mèches à la noirceur profonde, et serra fort son élastique rouge, celui qui portait bonheur, afin d'arborer une queue-de-cheval nette et pratique.

À travers le voilage ivoire qui recouvrait la double-fenêtre de leur chambre à coucher, elle fixa le côté impair de la rue Jean-Moulin d'un regard sombre. Sur le trottoir, la presse affleurait. C'en était fini des lignes droites.

***

Un presque inconnu.

Les services du renseignement général n'avaient qu'une fiche de premier niveau pour Tibor Gabory. Un minimum, périmé et incomplet, qui ne menait à rien de fiable. Bertrand Francine étoffa la recherche ; quelques éléments extraits des bases administratives dessinaient un début de tableau. Il travaillait dans la région, principalement dans la manutention et la logistique ; il jouait au futsal avec Kader Belkacem à l'A. S. Cléricourt. Tibor Gabory avait causé l'incident du dimanche avec un arbitre à Pelleport qui avait débouché sur un dépôt de plainte et une interruption temporaire de travail. Il était pacsé avec une salariée de la médiathèque que Paul Lavezzi avait interrogée, Coralie Bellevaux. Une adresse commune au 45, rue des Roseraies.

***

Habib était concentré sur la prochaine étape ; deux corps inertes dont il fallait se délester. À ses côtés, Tibor pressait la lame contre la chair tendue, encore nerveuse, appuyant de tout son poids sur le manche, les mains jointes. Bientôt, un troisième cadavre. Tibor poussait vers le bas, testait une nouvelle façon de faire levier pour que la pesanteur participe plus efficacement à la découpe. Il s'était posté de biais, ce qui rendait le geste plus difficile à exécuter mais permettait d'éviter de croiser le regard de sa victime.

À chaque fois, les yeux noirs de peur racontaient la même histoire. Le fond désolé des iris lui devenait insupportable : supplique, incompréhension, panique, résignation.

Vertigineuse anticipation de l'ultime douleur.

***

Devant le miroir de la salle de bains, Farida s'appliquait : ne pas appuyer sur le mascara, user avec parcimonie de l'eye-liner. Les proportions devaient être justes, ses cils longilignes. La frontière entre le petit air de fée sucrée et la vulgarité restait ténue. Farida se méfiait du trait de trop qu'elle repérait toujours après coup, quand elle revoyait de vieilles photos honteuses. Elle ne faisait pas confiance à ses réflexes de bonne élève et à ses habitudes malhabiles en matière de distinction sociale. Tout se jouait dans une somme de détails qu'on ne voyait pas depuis l'endroit où elle avait grandi. Elle y travaillait, pourtant, à mieux cerner ces subtilités qui faisaient la différence tant qu'elles ne se disaient pas. Depuis peu, elle avait banni le rouge à lèvres au profit d'un gloss à la pulpe discrète qui se mariait bien avec un tchador à couleur claire.

Dans le salon attenant à la salle de bains, Samia avait fini ses céréales sans trop en mettre partout. Elle assemblait désormais des briques de Duplo dépareillées. Il restait à Farida environ dix minutes de tranquillité relative. Une dernière touche de mascara et tout se passerait bien. Dans moins d'une heure, l'arène de la vie active.

La veille, elle avait passé son entretien d'embauche avec succès. Le directeur de l'agence avait fait preuve d'un enthousiasme cash : elle saurait s'y prendre, il avait hâte de la voir à la tâche. Farida serait chargée de répartir les missions entre les intérimaires et de s'assurer de la satisfaction des clients qui les embauchaient. Le travail consistait à contenter deux parties qui ne se parlaient jamais. Le directeur l'avait rassuré : Lila et Simone l'épauleraient. Leur protocole avait depuis longtemps fait ses preuves.

Farida n'eut pas vraiment le loisir de célébrer sa première victoire contre le chômage, la garde à vue de Alassane ayant passablement gâché la journée de la veille. Après son entretien, elle avait dû se pointer à la sortie du commissariat, dans une scène rebattue qu'elle pensait ne plus avoir à jouer. Sans surprise, Alassane clama son innocence mais elle fut cette fois disposée à le croire. Il n'avait pas arboré ce rictus narquois qui disait le contraire des phrases que prononçait sa bouche de margoulin. Quand Alassane la vit arriver, il lâcha au contraire un rire tonitruant qu'elle n'avait plus entendu depuis longtemps.

Il prit le temps d'expliquer l'absurde garde à vue, lui raconta pour ces connards de flics et ses prières non-stop. Farida s'engouffra dans la brèche. Sur le parking du commissariat, ils profitèrent de ce moment de connivence tombé de nulle part qui leur rappela le temps d'avant, celui où leurs confidences ne semblaient avoir aucune conséquence et menaient à un ciel étoilé.

Elle fit tout de même jurer Alassane. Sur la tête de Samia et sur le Coran. Ce fut la condition expresse pour qu'il continue à la garder. Depuis son retour de prison, le deal était clair : jamais Samia ne devait être mêlée à tout ça ; la police, les emmerdes, les carabistouilles. Alassane savait qu'elle n'hésiterait pas à lui faire retirer le droit de garde. La menace était suffisamment sérieuse pour que Farida se fie à la résurgence impromptue de ce rire qui remontait les fils rassurants d'un passé révolu. Promis, juré, craché : Alassane entendait l'ironie de sa profession de foi. Farida opta pour la confiance et cela était immense.

Mais tout cela, c'était hier et déjà loin. Elle pensait peu à aujourd'hui, tant demain importait. Le jour d'après pavait le chemin de ceux qui suivraient. Elle construisait, posait des briques, voyait loin pour Samia. En fixant sa peau ambrée dans la glace, elle se trouva suffisamment apprêtée, presque belle avec ce nouveau chemisier à fleurs, et valida un dernier coup de noir au crayon. Une fois réapparue dans le salon, Samia rigolait en bafouillant des *parce que* sans *pourquoi*, puis tendit ses bras vers Farida qui s'empressa de les agripper. L'enfant n'échapperait pas à une dernière rasade. Des bisous emplis d'espoirs.

***

Habib avait du sang partout sur sa combinaison. Il ne prêtait plus attention à ce genre de détails, insignifiants au regard des tâches qui restaient à accomplir. Franck examinait le corps décapité. Il était lourd. Il prendrait la suite avec Sarah.

Non loin, Tibor déposa la tête, sectionnée, dans la grande benne noire réservée à cet effet. Sur la tôle souillée, le regard détaché, vidé de toute émotion, n'ouvrait vers aucun monde intérieur. Tibor contempla la chose, inerte, de face et de profil, en détourant la forme de la boîte crânienne encore chaude. Elle avait dû être forte, mais c'était fini. Pour elle comme pour les autres, il en était mieux ainsi.

***

Bertrand Francine gara sa Mercedes à cinq cents mètres du petit pavillon, juste derrière les deux fourgons. Ils encercleraient bientôt le 45. Deux voitures banalisées bloquaient la circulation, de chaque côté de la rue des Roseraies. Aucun mouvement notable dans la maison. Les repérages avaient été efficaces : ils sécuriseraient la porte d'entrée, la sortie du garage et les baies vitrées de la véranda. À midi quinze, l'opération commencerait.

***

Le soleil montait. Ses rayons frappaient les stores d'une lumière froide qui, à l'intérieur, hachurait le grand poster de Bob Marley, désormais lacéré par des stries claires et parallèles. Imperturbable, le prince du reggae chantait sous les spotlights de Kingston en noir et blanc, dreadlocks au vent, agrémentant le bureau de Kader Belkacem d'un air vaporeux de Jamaïque. L'heure de la pause déjeuner approchait au centre Aimé-Césaire et Kader affinait ses calculs. Il détestait établir ces plannings. Il fallait satisfaire les titulaires, gérer les stagiaires, ne pas trop pénaliser les précaires, rentrer des contraintes personnelles en colonnes et les impératifs du service sur des lignes qui s'empilaient, dans l'espoir que la machine trouvât une solution magique. Décembre arrivait. La prise de tête devenait incompressible : petit papa Noël se pointait avec ses congés par milliers.

Kader avait démarré la journée en évoquant ses vingt-quatre heures passées au commissariat devant toute son équipe, sans éluder la moindre question. Il était resté sobre et conseillait d'éviter les journalistes qui ne manqueraient pas de se presser au portillon. Il comptait sur la troupe : on travaillerait aujourd'hui comme un mardi. Il n'était pas question de nourrir la machine à suspicions.

Il y avait aussi les copains : la *team poker* avait laissé une ribambelle de messages et Jo avait proposé un apéro ce soir. Kader se réjouissait d'avance : whisky, cacahuètes grillées, saucisson pur porc. Mais, pour l'instant, l'agacement dominait. Kader remonta les stores de ses fenêtres qui se projetaient à l'est toute, sur la face rénovée des Platanes et des Sorbiers.

Enfin, on frappa à sa porte. Le journaliste du *Courrier Cléricourtois* avait accepté de prendre un café et Kader avait promis : de l'exclusivité plein la gueule.

Didier Champenois prit place avec une gêne palpable. Des auréoles odorantes pointaient sous ses bras ballants. L'entrecroisement nerveux de ses mains trahissait la faible confiance qui l'animait en entrant dans le bureau de Kader Belkacem. Ses lunettes à monture rouge tranchaient avec un fin catogan poivre et sel qui n'allait pas beaucoup mieux avec son pantalon à pinces de style écossais. Cet alliage dépareillé lui donnait un vague air littéraire qui faisait sa réputation : on disait de lui qu'il racontait la ville avec fantaisie. Derrière Kader, Bob Marley, irradié par la pleine entrée du jour, semblait sourire au pigiste.

Didier Champenois travaillait pour *Le Courrier Cléricourtois* depuis vingt-cinq ans. S'il était habitué à la susceptibilité d'un lectorat trop souvent juge et partie, il se savait dépassé par l'ampleur de l'affaire qui les réunissait.

Kader pointa avec dédain la double page du lundi, posée sur son bureau mal rangé, et commença la leçon. Sur le mur du fond, juste à côté des vibrations éternelles de la Jamaïque, la bande à Joey Starr et Kool Shen dévisageait son invité. Depuis la contre-plongée d'un poster écorné, elle le toisait en l'avertissant avec d'épais caractères en lettres capitales : *Paris sous les bombes.*

Kader n'était au fond pas surpris. Le vieux journaliste à chemises à carreaux ne faisait que suivre la tiédeur dégueulasse de l'époque. Il n'était pas véritablement méchant et, si l'on se fiait à sa dégaine, il ne devait même pas être raciste. Kader le trouvait juste d'une paresse atroce. Son manque de curiosité était une faute professionnelle ; ce type était censé les informer. Plus de vingt ans qu'il venait au Bois-Vert. Jamais il n'avait trouvé le moyen d'écrire une seule ligne sur le travail du centre. Toujours les mêmes papiers saisonniers.

Didier Champenois avait la barbe tombante, le cheveu gras et une peau attaquée par le stress. Il pressentait un droit de réponse compliqué. Kader fit court : il avait publié un torchon. Ses semblants de révélations n'étaient que des insinuations approximatives. Dans la réalité merdique du quartier, son Kader de papier n'existait pas.

Didier Champenois l'admettait du bout des lèvres ; il avait compilé des dépêches imprécises. Il avait surtout asséné, avec une certaine autorité, des supputations locales. À la différence de la grande presse nationale, Didier domptait la toponymie de Cléricourt. Il pouvait tabler sur son enracinement pour coiffer au poteau ces Parisiens qui avaient débarqué comme des mouches autour d'un pot de miel. Son opinion reposait tout de même sur près de trois décennies passées à écumer l'agglomération : tournois de pétanque, inaugurations patrimoniales, brocantes dominicales, jubilés d'entreprises. Au vu de l'excitation globale, sa position d'autochtone l'autorisait à rêver : l'enquête d'une vie. Après tout, lui aussi méritait son quart d'heure de gloire nationale.

Kader s'en tint à la sécheresse de ses commentaires et confia à Champenois deux dossiers que ce dernier rangea dans sa sacoche en cuir. La pochette rouge contenait les cinq derniers rapports d'activité du centre. Dans la pochette jaune, il pourrait consulter les bilans financiers. Tout le spectacle de leur quotidien y était documenté : la cour des miracles à moyens constants et l'animation de la jeunesse qui, malgré le bordel ambiant, accouchait de jolis petits. Avec une attention véritable, il y avait matière à pondre la une du *Courrier*. Kader ne blaguait pas : Champenois lui devait au moins ça.

***

Dans la benne prévue pour les têtes reposaient trois crânes. Tibor ne pouvait s'empêcher de penser aux prochains messages, de plus en plus obsédants. Ses posts commençaient à prendre plus d'importance que la traînée mortuaire qui en justifiait pourtant l'existence. Leur aura obscure devenait la vérité. Ce n'était pas ce qu'il avait souhaité.

Tibor se persuadait qu'aller plus vite en besogne abrégerait l'écœurement. Il apposa ses deux mains sur le manche, ferma les yeux et se prépara, pour la dernière fois de la journée, à éprouver la précision de sa nouvelle technique. Le craquement vertébral fut sec, la brisure nette. Une poussée plus franche sur la nuque pour une dissociation mieux maîtrisée. Il s'agissait là d'une amélioration substantielle. Autour de lui, quatre cadavres.

L'entrepôt était toujours plus rouge. Près de la benne, Sarah chantonnait en s'apprêtant à la remplir.

***

Chou blanc.

Le 45, rue des Roseraies était vide. Bertrand Francine sillonnait les pièces sans conviction. Tout était propre, rangé avec soin, sans mise en scène. Les occupants n'avaient pas anticipé leur visite. Ce pavillon exhibait la normalité de façon convaincante. Peut-être fallait-il gratter au-delà des apparences. On fouilla les placards, releva les empreintes. Bertrand Francine ordonna d'insister sur le jardin et dans la cave, sans trop y croire.

Il scruta le salon, rien ne dépassait des étagères en pin et du vaisselier en acier brossé. Pas même un verre sale. Il appela Paul Lavezzi qui se dirigeait de son côté vers la médiathèque avec une équipe renforcée, pour l'informer de l'absence du couple à leur domicile. Un gros chat tigré passa furtivement entre ses jambes ; la surprise désarçonna Bertrand Francine qui se raccrocha à l'accoudoir du canapé et percuta un pot en terracotta qui vint s'éclater contre le tapis à poils synthétiques du salon. Un grand yucca gisait, au milieu, racines à l'air. De longues traînées de terre noire fraîchement mouillée dessinaient des stries pâteuses. Le terreau s'incrustait dans le maillage couleur crème. Le tapis ne s'en remettrait pas.

Encore.
Trancher les têtes jusqu'à ce qu'elles tombent.
Dépecer.

Faire apparaître et disparaître.
Ce qui vous plaira.
Votre liberté, leur mort.
Matin, midi, soir.

Nous exécutons, donc vous êtes.

***

Habib tirait sur sa clope au volant de sa Dacia noire. La nicotine le purgeait de l'intérieur. Il inspirait, expirait, kiffait l'inhalation de goudron brûlé. Il accéléra. Enfin, il passait à autre chose. Ce soir, le départ.

Loin de l'entrepôt, loin de Cléricourt, loin de la France. La valise était prête depuis une semaine, les passeports en règle, l'échappée planifiée : un bus pour Paris ; un train pour Marseille ; un ferry pour Alger. Puis une immersion organique au cœur des montagnes et du dialecte. Il avait à peine salué Tibor en partant.

Trop occupés avec Franck et Sarah, ils n'avaient même pas pris un dernier café. Ils avaient tué plus que de raison, acceptant ce que la journée leur avait livré. Un dernier tour de piste et *basta* : cela seul importait pour Habib.

***

Le bruit de l'eau frémissante s'emparait de la boutique. Rosa Maria préparait deux allongés : Tibor avait demandé une tasse bien pleine, usant d'une de ses phrases conjuguées au conditionnel qui plaisaient tant à la tenancière. D'habitude, elle offrait un petit noir au débotté quand elle sentait un désaccord arriver, mais Tibor était exténué. Ses pensées implosaient et la caféine s'imposait. Alors, il prit poliment les devants.

Rosa Maria chantonnait en changeant le filtre papier de sa machine en plastique de Chine. Ses lèvres se mouvaient en portugais, sans qu'aucune mélodie distincte n'émerge de leur tremblé régulier. Tibor souriait, se plaisant à imaginer la mélancolie d'un fado authentique sur un fond boisé de *guitarra* aux harmoniques pleines. Il pensa aussi à Habib, roupillant probablement dans son bus. Il reçut un message de Sarah qui lui confirmait les horaires du lendemain. Franck était en copie.

Aujourd'hui comme hier : toute la presse du jour écoulée, malgré un doublement de la commande matinale. Les portraits des deux suspects continuaient à intéresser la clientèle. Mais, dans la mesure où la police avait déclaré que rien ne laissait présumer de leur culpabilité, le soufflé commençait à retomber. *Libération*, *L'Humanité* et *Le Figaro* creusaient la même ligne : Kader Belkacem et Alassane Ben Mabrouk avaient beau avoir fait la une, ils étaient, jusqu'à preuve du contraire, innocents. Rosa Maria restait calée sur sa position première : pas de fumée sans feu.

Tibor n'en savait rien pour Ben Mabrouk, qu'il ne connaissait ni de près ni de loin, mais n'en démordait pas pour Kader Belkacem : il était innocent et ils prendraient l'apéro ce soir pour fêter la fin de cette garde à vue aberrante. Tibor perçut le trouble de Rosa Maria mais sa tête bourdonnait trop pour tenter de se justifier. Au creux de ses doigts récurés à la javel, il ressentait encore la pression sur le manche du couteau. Une ferme saillie, trois têtes tombantes. Et ce geste final qui brûlait les paumes.

Rosa Maria demanda quelques nouvelles de la presse, Tibor résuma comme il put, moins bien que d'habitude, sans franchement plonger dans les titres qu'elle lui avait réservés : le *serviteur* continuait à sévir, envoyait ses messages, l'affaire était embarrassante. Tuer, poster, grossir. Poster, tuer, grossir. Grossir, tuer, poster. La mécanique se répétait et ses mots jouaient une musique sibylline. On ne savait rien de plus. On ne voyait pas.

Les journaux se focalisaient sur Sébastien Berthier. Avec lui, la situation était clivante, confortable. Monsieur le maire avait déchiré le drapeau national en menaçant la police. Rosa Maria synthétisa ce que pensait la majorité des administrés : cela ne se faisait pas. Tibor acquiesçait : il avait abusé, mais on ne pouvait pas non plus dire que la police s'était comportée de façon irréprochable. La vidéo avait capté un élan de sincérité qu'il respectait. Pour être tout à fait honnête, il avait trouvé Berthier courageux. Dans ce déraillement, se tramait quelque chose d'important. Et il y avait toujours deux faces opposées sur une médaille. De cela, Tibor Gabory et Rosa Maria João convenaient bien.

***

Bertrand Francine et Paul Lavezzi entrèrent à Flora-Tristan avec une quinzaine d'agents. Les renforts étaient en chemin. Coralie fut immédiatement mise à l'écart par Bertrand Francine dans un bureau d'appoint au dernier étage. Christine et Julien la virent partir, résignée, sans bien comprendre ce qu'on pouvait lui reprocher. Paul Lavezzi les enjoignit à quitter le hall d'entrée et à suivre les agents montés à l'étage ; il allait sécuriser le périmètre.

***

Coralie était interloquée par la précision des questions que lui posait Bertrand Francine : il leur fonçait droit dessus. Il était décidé à la faire parler, elle était prête à tout dire. Oui, Tibor allait sans doute passer à Flora-Tristan d'ici peu ; oui, il quittait leur domicile en pleine nuit ; oui, il était bien le *serviteur*. Et oui, si ça leur plaisait, elle pouvait être considérée comme complice.

Francine appela Lavezzi qui organisait le déploiement des agents au rez-de-chaussée : il le tenait. C'était bien lui, Tibor Gabory. Il arrivait.

Lavezzi et Francine planifièrent la suite à deux étages d'intervalle, au téléphone, en moins de dix minutes. L'opération se déroulerait autour de l'atrium de la médiathèque, dans le prolongement du hall d'entrée, avec tous les hommes à disposition. On laisserait Gabory pénétrer dans le bâtiment, comme si de rien n'était.

Coralie Bellevaux semblait sincère : c'était du sûr, il venait bouquiner ici tous les jours. Quatre agents à l'étage, quatre autres au rez-de-chaussée, en position de sniper. Six policiers supplémentaires postés à l'extérieur, aux abords de Flora-Tristan. Une fois les portes automatiques ouvertes, Gabory avancerait en direction de l'atrium. Les policiers côté rue refermeraient la souricière. Il serait pris à revers. Encerclé. Paul Lavezzi dirigerait les manœuvres, tandis que Bertrand Francine neutraliserait Coralie Bellevaux. Il avait déjà confisqué son téléphone.

***

Bérénice ouvrit la grande porte d'entrée en verre sécurit et encouragea Sébastien sur le perron d'une franche tape sur la hanche, à la fois douce et volontaire. Il avait pris sa décision, qu'elle avait approuvée sans contre-argumenter. On perdait d'un côté ce que l'on gagnait de l'autre ; il convenait donc de surévaluer les profits pour oublier l'ampleur de la perte. Et de ne plus se retourner. Ils auraient plus de tranquillité, retrouveraient leurs week-ends. Bérénice ne savait pas s'il s'agissait d'une bénédiction ou d'un retour de bâton. Elle avait appris à aimer Sébastien de loin. Il leur fallait, de toutes les façons, réamorcer la pompe.

Sébastien voulut l'embrasser sur le perron pour la remercier des mots qu'elle avait su trouver et pour se donner du courage, mais il ne sut comment s'y prendre. Ces gestes, à la douceur imprévue, avaient déserté la maison et la présence en clair-obscur des journalistes le dissuada d'entreprendre un mouvement hasardeux. Alors il retint juste sa main gauche, délicatement apposée sur sa hanche hésitante, laissant durer un geste censé n'être qu'un bref interlude.

Dehors, la petite meute se rapprocha de manière désordonnée. Elle avait tant attendu qu'elle marqua le pas. Sébastien Berthier salua l'assistance, la remerciant pour sa patience. Il tenait une feuille griffonnée, attendit l'ouverture des micros et l'attention des sept caméras, bientôt toutes posées sur lui. Puis il se mit à lire.

Chers Cléricourtois, chères Cléricourtoises,

Je tenais à vous présenter mes excuses pour avoir déchiré mon écharpe.

Je mesure la gravité de ce geste. Il n'est pas à la hauteur des fonctions que vous m'avez confiées. C'est la raison pour laquelle je présenterai dans l'après-midi ma démission au Conseil municipal.

J'aurais voulu vous servir plus longtemps, mais je n'ai pas mérité de continuer. Je sais ce que notre drapeau représente : Liberté, Égalité, Fraternité.

J'ai néanmoins agi avec cœur et en pleine conscience. La perquisition à laquelle j'ai assisté hier dans le quartier du Bois-Vert – je l'ai exprimé vertement – ne m'a pas paru acceptable. J'ai vu des enfants et des familles humiliées, soupçonnées sans fondement raisonnable, alors que sévit un déséquilibré.

Je n'ai pas vu notre police protéger sa population. Je ne nous ai pas reconnus : Liberté, Égalité, Fraternité.

Depuis près d'une semaine, celui qui se présente comme un serviteur menace notre pays en postant des messages emplis d'horreurs.

Vous avez peur, j'ai peur, nous avons peur.

Nous ne savons rien de sa guerre, ni de ses victimes. Il parle de notre culpabilité, de notre passivité. Il croit que nous devrions le remercier. En ces dernières heures de mandat, je lui demande, en votre nom, d'arrêter le massacre. S'il désire nous servir, qu'il se rende.

Et je ne puis lui dire qu'une seule chose : la fin ne justifie pas les moyens.

J'espère que notre police saura le faire taire en se montrant à la hauteur du drapeau.

Dimanche, j'ai failli en tant que maire, mais je crois avoir été, en tant qu'homme, sincère.

Liberté, Égalité, Fraternité, Sincérité.

Sébastien Berthier ne s'appesantit pas face au flot de questions. Ils avaient suffisamment soupesé ces phrases avec Bérénice pour savoir qu'il n'y avait ni mot en trop, ni mot manquant. Il salua les journalistes qui, à défaut d'avoir capté un second craquage, repartaient avec une transition honorable pour rebasculer sur la traque du *serviteur*.

Ce fut ainsi, dans la fraîcheur familière de la rue Jean-Moulin, que Sébastien Berthier en finit avec ses plans d'ascension politique et l'idée qu'il se faisait de son destin. Il n'aurait de toute façon pas su encaisser les coups qui l'auraient fait avancer.

Bérénice avait beau avoir rédigé les trois quarts du discours, elle n'en était pas moins troublée. Elle s'attendait à une formalité ampoulée et n'avait pas anticipé ce surplus d'ambiguïté. Un frisson la parcourut. Le texte à prononcer était clair, sa construction schématique et, pourtant, Sébastien avait embrassé les phrases, caressé les accents, magnifié les silences. Et puis, ils n'avaient pas eu recours à ces petits mots plats et techniques, encore moins à ce vocabulaire conquérant qui brillait de mille feux à l'international ; à tous ces mots qu'il manipulait depuis plus de quinze ans dans son bureau pour boucher les trous dans les rapports d'étape et maquiller les déficits des bilans comptables ; à ces mots qui, à force, avaient contaminé le quotidien et définissaient la situation ; à ces mots face auxquels il avait abdiqué, à défaut de croire en leur vérité ; à ces mots qui réduisaient la vie à un entrecroisement de lignes et de colonnes ; à ces mots qui chassaient l'imprévu jusqu'à coloniser les rêves. Sur les lèvres de Sébastien, avait au contraire résonné une parole. Un verbe simple, livré sans retenue ni condition.

Sébastien cru sentir passer l'énergie enveloppante de Bérénice dans son dos moite, cette vibration qui lui avait fait dire oui pour la vie, neuf années auparavant, dans une abbaye normande dont il avait oublié le saint nom. S'il s'était retourné, il aurait sans doute saisi l'incandescence naissante sur les joues rosies de sa femme. Mais, pour la seconde fois de la journée, il manqua cette irruption. Leur chance était passée. Entre eux deux, ce jour marquerait le début de deux voies séparées.

Face à la mitraille médiatique, le début de leur fin resta tapi sous le crépitement des flashs, à l'ombre de la démission du jour.

Une heure après, tout Cléricourt avait vu et entendu. Le jeune maire avait quitté ses fonctions avec panache. Kader apprit la nouvelle juste après avoir congédié Champenois qui lui en tiendrait longtemps rigueur : en acceptant ce café à Aimé-Césaire, il avait raté Berthier et s'était fait doubler par la presse nationale. Dans l'immédiat, Kader ne pensait qu'aux conséquences pratiques de la démission. Car le Bois-Vert payerait l'addition aux prochaines élections, c'était couru.

***

Ce con de Berthier partait de son plein gré.

Jo capta l'info à la radio au volant de l'une des quatre Renault de la boîte, juste après avoir rompu avec Gabrielle. Elle était là, interloquée, sur le siège passager. Elle le regardait encore tendrement. Il venait de choisir ses phrases, s'était beaucoup excusé. Il avait pris le temps, malgré ses doutes, de la clarté. Son corps têtu en voulait encore, de leurs peaux enlacées, mais la tête ne suivait plus. Il arrêtait, parce qu'Aurélie.

Gabrielle comprit sans difficulté : Jo n'avait pas à se justifier, Aurélie, son prénom suffisait. Elle n'avait jamais rien attendu de plus de leurs amours intercalées que le plaisir immédiat qu'ils en retiraient. Après un divorce éreintant, elle tenait à préserver sa nouvelle façon de considérer le monde, conquise de haute lutte, et qu'elle ne pouvait définir autrement qu'avec ce grand mot imbécile : liberté. Son embarras de petit garçon, loyal et maladroit, était mignon ; elle l'aurait presque consolé. Quelques larmes coulèrent au creux de la conversation. Le désir était là, mais il était voué à étouffer. La faute aux complications de la vie, avec son lot de paramètres programmés et de conventions établies. Leurs corps se touchèrent une dernière fois contre la banquette arrière de la voiture de fonction empruntée pour l'occasion, dans une étreinte emplie de fougue et de tristesse, à la lisière de la forêt des Hauts-Plateaux. Ils rentrèrent à Cléricourt sans se parler, sachant qu'ils n'oublieraient jamais l'odeur de leur sueur ni la cadence accélérée des respirations mélangées.

Jo ne votait plus depuis qu'il avait cessé de croire aux promesses en toc. Elles lui donnaient la nausée. Mais le discours de Berthier, qui émergea tant bien que mal sous l'habitacle au travers du grésillement des ondes, l'émut. Dans le silence capitonné d'un trajet qui avait l'allure d'un dernier voyage, la voix solennelle du maire lui apparut comme un signe. Elle confirmait la justesse du moment. Berthier larguait Cléricourt comme lui quittait sa précieuse maîtresse. Avec sincérité.

***

Tout se passait bien. Farida épluchait sur son écran les dossiers des intérimaires en fin de mission que Lila et Simone lui avaient confiés. Elles étaient expérimentées, de bon conseil. Elle cliquait du gauche et du droit, faisait défiler les barres latérales, affichait les menus déroulants, se baladait entre les fiches quand soudain, la photographie d'identité associée à un dossier en cours de traitement interrompit le flot de sa curiosité novice. Cette petite gueule d'ange ne la trompait pas. C'était bien lui. Elle reconnut ce visage qui trottait encore dans sa tête. Il était là, au centre de l'écran, le beau garçon de la médiathèque et du méchoui, s'adressant indirectement à elle *via* un selfie mal assuré censé faire photomaton.

Elle fouilla dans sa fiche : Tibor Gabory ; trois ans de plus qu'elle ; résidant à Cléricourt Sud dans le quartier de l'ancienne scierie. Plus que deux jours de mission ; ce qui signifiait qu'elle le rappellerait demain, c'était l'heureux protocole, pour une nouvelle affectation, lui qui avait indiqué vouloir continuer à travailler. Elle peinait à l'imaginer dans ce genre de boulot, mais la vie ne faisait aujourd'hui pas si mal les choses.

Farida se rendit compte que demain serait mercredi et qu'elle avait oublié de demander à Alassane de garder Samia l'après-midi. Elle passa au dossier suivant, qui se rapportait à la même fiche employeur. Un dossier en rouge à clore : Habib Cherkaoui, nettement moins attirant, cinquante-cinq ans. Un blédard en fin de mission et qui avait expressément mentionné : plus disponible, non joignable. Farida s'apprêtait à demander à Lila si elle devait valider la mise en paiement quand Simone leur annonça, ça venait de la compta et c'était donc une info fiable, que le maire de la ville démissionnait par solidarité avec le Bois-Vert, en lien avec le pétage de plombs du dimanche lors de la descente des flics. Le gloss des lèvres charnues de Farida reluisit au travers d'un large sourire lâché en signe d'approbation immédiate. Elle pensa à la perquisition, à Samia, à Alassane. Ils n'étaient peut-être pas si seuls.

***

Rosa Maria approuvait aussi l'entièreté du jeunot qu'elle avait trouvé jusque-là trop hautain. Et puis, un beau discours comme ça sur Cléricourt, cela rendait forcément fière. On ne pouvait pas demander plus à un maire : placer leur petite ville sur la grande carte. Rosa Maria n'avait pas voté pour lui, mais elle aurait pu changer d'avis si jamais il venait à se dédire. Peu importaient les étiquettes, il avait fait bonne impression et avait su rester droit comme un général.

Elle soumettrait demain à Tibor ce qu'elle interprétait comme un revirement d'opinion personnelle et se mit à compter les pièces jaunes laissées sur le bord du comptoir. Soixante-dix centimes de trop, qu'elle ajouterait sur son acompte. Tibor avait déjà quitté la maison João et marchait, journaux en mains et pas pressé, vers la médiathèque. Son cœur battait fort. Il lui tardait d'embrasser Coralie.

***

Coralie insista, se mit à jurer, puis à pleurer de rage. Bertrand Francine n'avait pas compris, rien capté. Il ne l'avait pas laissée terminer. Il devait écouter jusqu'au bout, absolument rappeler le commissaire Lavezzi : ce n'était pas ce qu'ils croyaient. Francine la fit taire et refusa d'entrer dans ce jeu de dupe, connaissant trop bien ce genre de diversion désespérée quand tombait le couperet. Il était trop tard pour sauver Gabory ; seul l'endroit où se trouvaient les corps les intéressait, si elle savait. Coralie ravala ses larmes du mieux qu'elle pût et lui dit tout ce qu'elle connaissait de l'entrepôt.

***

Une seconde avant ; une seconde après.

Tibor entra à Flora-Tristan.

Personne à l'accueil.

Pas de Christine, pas de Julien.

Il arrivait dans l'atrium quand un cri sourd l'arrêta net. Il crut entendre son prénom, peut-être même son nom. Il sentit la force soufflante d'un écho. Une résonance étrange. Pour autant, la médiathèque semblait plus vide que d'habitude.

Un rapide coup d'œil par-delà l'atrium confirma son impression première : les allées étaient désertes. Il n'y avait là que des livres solidaires, serrés les uns contre les autres ; des livres qui attendaient ce jour où quelqu'un s'arrêterait, attiré par un titre, un dos, une couleur ; ce jour où il serait enfin extirpé de la compression quotidienne. Ces milliers d'ouvrages étaient là, fidèles au poste. Ils l'attendaient. Le cri recommença à percer le silence.

Une seconde avant ; une seconde après. Tibor entendit des pas pressants derrière lui. Puis un bruit métallique. Des cliquetis. Un claquement. Il crut comprendre, mais manqua de temps pour réaliser. Des uniformes, des gilets tactiques, des armes semi-automatiques, du bleu de combat à trois cent soixante degrés. Il était cerné et une voix intimait. Le cri revenait à l'identique. Il ordonnait au mégaphone : ne plus bouger, lever les mains, se mettre à genoux.

Ils y étaient arrivés.

Ils avaient mis du temps.

Ils le tenaient.

Trop tard.

Le *serviteur* avait capitalisé toute l'attention disponible et établi un monopole sur les consciences qui ferait date. Ses mots s'étaient imposés, il avait gagné la bataille.

La voix répétait : ne plus bouger, lever les mains, se mettre à genoux.

Tibor mesurait le chemin parcouru et se sentit soulagé. Il n'en pouvait plus, de la cadence de l'entrepôt et de ce jeu de cache-cache en plein massacre. La semaine avait été harassante.

La voix insistait : plus bouger, les mains, les genoux.

Tibor allait pouvoir s'expliquer, même si cela ne ferait pas revenir les morts.

La voix décompta.

***

Depuis le bureau du haut, Coralie avait vu Tibor arriver dans l'atrium au travers d'une mince fenêtre intérieure. Elle ne comprenait plus, ou comprenait trop bien. Aucun son ne sortait de sa voix blanchie, enfouie sous la sidération. Elle avait tout dit à Bertrand Francine, tout expliqué, tout précisé. Il lui fit répéter trois fois pour être sûr qu'elle était cohérente, mais le temps passait. Il tenta d'appeler Lavezzi pour un *rebrief* : il fallait avorter le plan initial. Il réessaya, deux fois, trois fois, mais ne tombait plus que sur son répondeur.

Quatre mètres plus bas, Paul Lavezzi et ses hommes. Focus.

Tibor restait droit et n'écoutait pas les sommations. Coralie reconnaissait cet air profondément absent ; cet air coupable et innocent ; cet air dégagé qui le définissait quand il absorbait les pages d'un livre en s'imbibant de phrases nouvelles dont il lui parlerait ensuite ; cet air entier qui le rendait imperméable aux petits problèmes de la vie matérielle. Une vie qui avançait en les esquintant, malgré la force des écrits et la beauté des récits.

Tibor n'écoutait plus, arborant une expression crue qu'elle ne lui connaissait pas. Il regardait dans le vide avec un sourire dominant, supérieur. Puis il lâcha un rire grave, presque méchant. Un rire accusateur.

Tibor n'écoutait pas et Coralie hurla au plus profond de son cœur. Ce rire glacial avait la couleur assassine.

***

Aurélie disposait les olives et les chips dans les grands bols en céramique qu'ils sortaient à chaque fois. Elle avait suggéré à Jo l'idée d'un apéro puisque c'était elle qui faisait en sorte que les choses adviennent. On s'était tellement inquiété pour Kader, cela valait bien quelques bières et du whisky Coca.

Jo sortait de sa douche, beau et propre. Cela faisait plusieurs mois qu'il prenait à nouveau soin de lui : jusqu'à faire des pompes et des tractions avant le petit déjeuner. Aurélie commençait à retrouver en lui ce je-ne-sais-quoi, cet alliage de gentillesse et d'âpreté débordant d'un corps sec et nerveux. Peut-être qu'un jour ils se remettraient à faire l'amour. Cela reviendrait ou pas, mais il y avait plus pressant : Camélia, Lola, sa carrière qui redémarrait.

Les filles grandissaient et Aurélie s'autorisait à nouveau à gagner sa vie cinq jours sur sept. Jo passerait après. Bien sûr, Aurélie savait pour sa pute. Malgré l'humiliation, elle avait pris le parti de la feinte et de l'ignorance, reléguant la discussion à plus tard. Elle commençait seulement à se remettre de l'ouragan : la maternité, les travaux dans la maison, la mort de son père, les factures à honorer. Elle ne voulait pas quitter Jo, encore moins abîmer leur vie de famille. Alors elle attendait en ravalant la jalousie.

Manuel était arrivé le premier et plaisantait, insistant sur les bons moments du couple. Elle voyait clair dans son jeu complice, d'autant que Jo n'était pas beaucoup plus subtil. Ils s'étaient probablement coordonnés, faisaient tout pour lui rappeler que *Jonathan + Aurélie*, c'était pour la vie et que la vie, elle n'allait pas si mal. Ils convoquaient tous ces moments qui étaient devenus, à la longue, des cartes postales un peu jaunies pour une vieille bande de potes aux yeux cernés.

Ils n'avaient peut-être même pas tort. Alors elle se mit à rire à leurs blagues commémoratives, à ces souvenirs excavant un passé mythifié qui avait été globalement heureux. Ce rire leur fit du bien. Bière blonde à la main, Aurélie se vautra dans un second degré qu'elle seule entrapercevait. Ils enfilèrent leur numéro sans savoir qu'elle savait bien. Pour la pute.

La sonnette retentit. Jo alla ouvrir, en bon prince qu'il serait ce soir, prêt à accueillir le héros. Kader se présenta derrière la porte plaquée chêne, regard livide et mains tremblantes. Il s'agissait de Tibor. On ne connaissait pas bien les siens.

***

Tibor cru entendre des chiffres ; un, deux, trois, quatre peut-être. Ne plus bouger, lever les mains, se mettre à genoux. Il leva la main gauche, voulut obéir, comprit qu'il fallait montrer patte blanche. Sans s'en rendre compte, il garda sa main droite serrée contre son corps, agrippée à ses trois journaux enroulés les uns sur les autres. Il n'avait pas eu le temps de les lire et ne comptait rien lâcher.

Patrice Millet se concentrait pour ne pas trembler ; Lavezzi les avait prévenus ; ils avaient affaire à une personnalité manipulatrice. Tirer à bout portant serait sans doute nécessaire. L'agent Millet reconnut la cible. C'était bien le gars plutôt sympa qui avait fait une déposition deux jours auparavant au commissariat. Cet idiot n'écoutait pas Lavezzi qui répétait, pour la dernière fois, les sommations légales.

Le type riait comme un fou et levait le poing en l'air, tête baissée, façon Tommie Smith et John Carlos.

Mexico, Jeux olympiques, 1968. Patrice Millet n'était pas encore né mais il s'y voyait : la mythique remise des médailles du 200 mètres. Il se replongea dans le poster en noir et blanc qu'il avait affiché dans sa chambre à Fort-de-France en entrant au collège et qu'il avait contemplé comme une relique jusqu'à son départ pour l'Hexagone. Un cadeau de l'oncle Bernard pour ses bonnes notes et pour ne jamais oublier la couleur de leur peau.

Le podium des *Blacks Panthers* s'imposa ainsi à Patrice Millet comme un flash. Ce poing gauche levé dans l'atrium réveillait l'insatiable soif de justice qui l'animait, ce désir de servir qui l'avaient convaincu de rejoindre les rangs de la police nationale lors de son arrivée dans la métropole à vingt et un ans.

Tibor n'avait ni pieds déchaussés, ni médaille, ni gants, ni peau noire. Il gardait contre lui un paquet mal fagoté, serré dans sa main droite. Il dégageait pourtant la même aura de supériorité morale que les deux idoles de son adolescence. Patrice Millet était prêt.

Tibor ne semblait pas craindre la rafale annoncée. Le poing gauche ne faiblissait pas. Patrice Millet scrutait. Dans sa main droite, une forme cylindrique, enroulée dans plusieurs couches de papier journal. Les secondes passaient et Lavezzi confirma : le suspect était armé. Il somma par trois fois Tibor de lâcher son arme.

Immobile, Tibor semblait ne pas écouter ou refuser d'entendre, ce qui, à cet instant précis, revenait au même. Lavezzi ordonna et Patrice Millet tira avec tous ses camarades. Tibor s'écroula. Une sombre mare de sang se répandit dans l'atrium. Éparpillés sur le sol, *L'Équipe*, *L'Humanité* et *Libération* épongeaient le liquide.

Une seconde avant, une seconde après.

Jamais plus Tibor n'emprunterait un livre à Flora-Tristan.

Mercredi

Elle arrivait.

Elle n'avait pas de prénom, pas de nom. Pas même un surnom. Juste un numéro. Un code à dix chiffres pour une identification pérenne généralisée. Agrémenté de quelques identifiants subsidiaires : labels qualité, bon de livraison.

Elle se dirigea vers le piège à tuerie, ce monstre d'acier qui allait l'entraver une fois qu'elle se ferait prendre et hors duquel seule sa tête sortirait. Un coup de pistolet à projectile captif, en plein front, l'immobilisa. Étourdissement, pour l'éthique et la sécurité. De toute façon, sa tête était prise. Piégée par le monstre d'acier. Puis vint la saignée. Une franche section des artères carotides qui lui laissa le cou à demi-ouvert.

Elle continuait à se tordre. Malgré le piège, malgré le pistolet, malgré la saignée. Mais ce n'était plus là que de vilains réflexes, assurait-on.

Elle hurla. Les réflexes, encore.

Elle fut suspendue par les membres antérieurs et se vida de son sang par le cou. L'accélération du cœur agissait comme une pompe, la pendaison débouchait sur une douche à l'efficacité éprouvée. Le torrent de liquide intérieur se déversa et fut stocké dans un container. Valorisation après transformation.

Elle ne bougeait pas. Elle ne bougerait plus. Les nerfs en avaient fini avec leur stupide mécanique. Il n'y avait plus aucun réflexe. On la décapita, puis on passa une pique entre ses pattes arrières. Ce fut ainsi qu'on lui prit son foie, son cœur, ses poumons, sa vessie. Juste après avoir déposé sa tête dans la benne.

On ligatura son rectum, puis on la découpa au niveau des genoux pour lui enlever la peau proprement. On vida les abats restants, rouges et blancs, puis on aspira la moelle épinière. Avec une scie experte, on descendit par allers-retours successifs le long de sa colonne vertébrale. Elle était maintenant scindée. En deux parties.

On enleva la graisse, enfin tout ce que l'on put, car elle en portait, du suif. On soupesa. Du poids réuni des deux moitiés dépendrait le prix. Ainsi se termina sa carrière dans l'entrepôt.

Elle était une vache.

Une simple vache, perdue, comme toutes les autres. Certains auraient dit une génisse, d'autres diront un bœuf, d'autres encore un bovin, jeune ou vieux. C'est que l'on ne connaissait plus les mots adéquats. On décomptait sans détailler. On préférait s'accorder sur un terme générique : une bête.

Dans le pays qui rêvait tout haut d'un ciel en bleu, blanc, rouge ; d'un ciel aux couleurs de la liberté, de l'égalité et de la fraternité, trois millions de bêtes à pattes étaient chaque jour abattues. Vaches, veaux, bœufs, cailles, poules, poulets, dindes, canards, pintades, chèvres, chevreaux, cochons, chevaux, moutons, brebis, agneaux, lapins, chevaux : trois millions par tranche de vingt-quatre heures qui feraient, au bout de trois cent soixante-cinq jours, plus d'un milliard. Pour les bêtes à palmes ou à branchies, on ne savait pas. Les chalutiers opéraient au loin, sous le niveau de la mer, au secret du large.

Elle était donc une vache, un ruminant. Bientôt une carcasse. De la viande à consommer. Tibor en termina à la pelle, des comme elle. Des congénères, des sœurs, laitières ou pas. Lui aussi, au bout d'une semaine, ne comptait plus. Il honorait les termes d'un contrat par intérim qui prévoyait quatorze euros quatre-vingt-treize centimes de l'heure ; des termes qui respectaient en tout point le barème syndical pour un poste de nuit en abattoir. Mais puisque les chiffres ne voulaient plus rien dire, il prit le parti des mots.

***

Lavezzi et Francine n'avaient plus rien à ajouter. Il était treize heures pile et, après un tartare trop citronné et un café crème, ils se quittèrent sur un rhum arrangé au café de la gare. Ils avaient commis la plus belle connerie de leur brillante carrière, pourtant couverte par toutes les précautions d'usages. Alors, entre eux, l'affaire se termina sur un silence. Même la presse ne savait plus comment couvrir l'événement. Ce n'était pas une bavure. Clairement pas une réussite. Au regard du contexte général et de la faible visibilité dans l'atrium, altérée par un contre-jour malheureux, on considérait la pluie de balles comme de la légitime défense. Tibor Gabory n'avait tout simplement pas eu de chance. Personne ne l'avait compris ; personne ne voulut vraiment comprendre. Une semaine entière passée à enquêter sur du rien.

Une semaine entière : trois millions que multipliait sept.

***

Elle arrivait.

13 h 01. Elle n'avait pas de prénom, pas de nom. Aucun surnom. Juste un numéro. Un code à dix chiffres pour une identification pérenne généralisée. Agrémenté de quelques identifiants subsidiaires : labels qualité, bon de livraison.

Elle arrivait.

13 h 06. Elle n'avait pas de prénom, pas de nom. Aucun surnom. Juste un numéro. Un code à dix chiffres pour une identification pérenne généralisée. Agrémenté de quelques identifiants subsidiaires : labels qualité, bon de livraison.

Elle arrivait.

13 h 13. Elle n'avait pas de prénom, pas de nom. Aucun surnom. Juste un numéro. Un code à dix chiffres pour une identification pérenne généralisée. Agrémenté de quelques identifiants subsidiaires : labels qualité, bon de livraison.

Elles arrivaient.

Franck saisit une patte, Sarah se munit d'un couteau.

Bientôt : le monstre d'acier, la décapitation, la routine.

pcacmb
édition pré-presse
livres numériques

44400 Rezé

IMPRIM'VERT®

Achevé d'imprimer
en janvier 2024
par Corlet Imprimeur
14110 Condé-en-Normandie

Dépôt légal : janvier 2024
N° d'imprimeur : 24010163
Imprimé en France